Norbert Golluch

Das beste KLOBUCH aller Zeiten

AF643237

NORBERT GOLLUCH

Das beste KLOBUCH aller Zeiten

Überraschendes Wissen und faszinierende Fakten

YES

Originalausgabe
1. Auflage 2022
© 2022 by Yes Publishing – Pascale Breitenstein & Oliver Kuhn GbR
Türkenstr. 89, 80799 München
info@yes-publishing.de
Alle Rechte vorbehalten.
Umschlaggestaltung: Ivan Kurylenko (hortasar covers)
Layout und Satz: Müjde Puzziferri, MP Medien, München
Druck: BoD, Norderstedt
Printed in Germany

ISBN Print 978-3-96905-136-8
ISBN (ePUB, Mobi) 978-3-96905-137-5
ISBN (PDF) 978-3-96905-138-2

INHALT

WAS SAGT IHNEN DER NAME DR. ROLAND KLOBERT-ENZY?

Die EnzyKlopädie ist die Wissenschaft von der ästhetisierten Entsorgung menschlicher Hinterlassenschaften in flüssiger Form sowie zugehöriger feststofflicher Relikte. Dieser Wissenschaftszweig wurde benannt nach seinem Begründer, dem Schweizer Professor und Doyen der exkrementellen Fakultät an der Universität Chöne, Dr. Roland Klobert-Enzy, der bereits 1912 das bis heute gültige Große Gastromedizinische Grundgesetz formulierte, das später irrtümlich einem gewissen in der Welt der Seinswissenschaften völlig unbekannten H. Kohl zugeschrieben wurde:

»Entscheidend ist, was hinten rauskommt!«

In der Welt von Forschung und Lehre steht die EnzyKlopädie als Wissenschaftszweig zwischen den empirischen Naturwissenschaften und den evaluativen Geisteswissenschaften, was einen besonders intensiven Blick auf die zu untersuchenden Themen ermöglicht, die zum großen Teil auch popolärwissenschaftlich von Interesse sind.

Diesem Sachverhalt kommt die Entscheidung des Fakultätsrats entgegen, alle Veröffentlichungen auf diesem Sektor auch im sanitärkompatiblen, wasserfesten bzw. abwaschbaren Klobuchformat nach DIN 00-WC zu publizieren, was der Detlef-Poloch-Verlag in Darmstadt dankenswerterweise realisieren konnte.

Auch das Werk, das Sie hier soeben in Händen halten, entspricht diesen normativen Vorgaben und kann Sie deshalb, so hoffen wir, in einer ergebnisoffenen, aber ertragreichen Alltagssituation unterstützend begleiten.

EIN PAAR WORTE ÜBER BUCHSTABEN UND ZAHLEN

Die Frage aller Fragen: Warum hängt an der Toilettentür nicht einfach ein Schild mit der Aufschrift »Toilette«?

Nun, wir Menschen mögen es gern diskret. Wenn uns die darmentleerende Not packt, möchten wir uns gezielt etwaiger Beobachter entledigen. Und Not macht ja bekanntermaßen erfinderisch.

Die diskrete Zimmernummer

Die Kennzeichnung »00« der Toilettentür stammt aus dem 19. Jahrhundert. In Hotels, die ihre Zimmer mit laufenden Nummern versehen hatten, fand man es wohl dezenter, dem Zimmer Toilette die Nummer 00 zuzuordnen, anstatt draußen für jedermann erkennbar das eine oder andere Wort für Klo zu verwenden.

Sanitäre Synonyme

Nein, wir müssen nicht mit dem Wort »Toilette« auskommen, über WC hinaus gibt es zahlreiche Möglichkeiten, diesen einen Ort zu bezeichnen: Bad, stilles Örtchen, Latrine, Scheißhaus, Donnerbalken, Abort, Häuschen, Lokus, Bello, Thron, Schlodde, Hüdde, Boiler, Schüssel, Pott, Kackstuhl.

Toilette, etymologisch betrachtet

Das Wort »Toilette« hängt mit dem französischen *toile* zusammen. Dabei handelt sich um ein Tuch, das früher als Ersatz für ein Toilettenhäuschen diente. Man spannte es auf, um ungestört seinen Entsorgungstätigkeiten nachzugehen.

Toilettenbedürfnisse, dezent umschrieben

Nicht nur die Beschriftung an der Toilettentür soll verhindern, dass Peinlichkeiten und Schamgefühle entstehen und unseren Mitmenschen die Schamesröte ins Gesicht getrieben wird, wenn sie mal müssen. Auch der eigentliche Akt selbst wird gern verschleiert. Von der offiziellen Sprache vorgesehene Fachbegriffe eignen sich da nicht. Wer sagt schon: »Ich geh mal eben defäkieren«? Oder: »Warte mal einen Moment, ich muss nur schnell meine Notdurft verrichten.« Solche Unbeholfenheiten und sprachliche Kraftausdrücke lassen sich vermeiden, man kann die harten Fakten der Natur auch dezent umschreiben:

- austreten
- der Natur folgen
- der Not gehorchen
- ein dringendes Bedürfnis verspüren
- ein Häufchen machen (Kindersprache)
- ein menschliches Bedürfnis verspüren
- ein menschliches Rühren verspüren
- etwas Dringendes erledigen
- mal verschwinden müssen
- mal wohin müssen
- sich erleichtern
- sich frisch machen

Toilettenbedürfnisse – asi, Macho, Volksmund usw.

Bei manchen sanitären Absichtserklärungen allerdings geht es nicht nur um die sittsame Verschleierung von Verdauungsvorgängen, sie sind vielmehr ein (oft ungelenker und mitleiderregender) Versuch, sich humoristisch aus der Peinlichkeit herauszuheben – frühkindliche Fixierungen spielen dabei wohl auch noch eine Rolle. Auffällig ist, wie viele Varianten dieser Sprachkunst existieren. Hinzu kommt, dass die dabei produzierten Sprachgebilde oft auch rassistische Stereotype bedienen. Deshalb: ab damit in die Schüssel und spülen!

abeiern abgroßen abklumpen abknipsen abknödeln abkötteln abstuhlen abwursten Alarmstufe Braun deaktivieren Ali Baba und die 40 braunen Räuber anal abtreiben anal kotzen Analgulasch äpfeln Arschgeburt Backsteine formen bauern Biowaffe klarmachen braune Bengels schubsen braunes Gold ablassen Brikett pressen Brownies machen das Fax aus Darmstadt senden das goldene Ende der Nahrungskette verabschieden das große Latrinum machen das Porzellan bräunen das Weiße Haus bombardieren defäkieren dem Johnny ein Snickers schenken den Asamoha auswechseln den Bob in die Bahn setzen den braunen Salon entrümpeln den Darm entleeren den Darmdackel Gassi führen den Hot Dog wegdonnern den Jürgen würgen der Keramik zeigen, wer der Boss ist die Boa durch den Schacht jagen die Bombe fallen lassen die braune Seele baumeln lassen die Keramik sprengen die Kloschüssel verarschen die längste Praline der Welt verschenken die Nougatpresse anwerfen die Nougatschleuse öffnen die Rosette dehnen die Schokoladenfabrik anschalten die Schüssel reiten die Schüssel sprengen die schwarze Mamba zähmen Druck ablassen Duplo in die Bobbahn setzen ein Ei legen ein Geschäft verrichten ein Gürteltier rausdrücken ein Snickers aus dem Rücken drücken eine Brezel backen eine Gasbombe setzen eine Sitzung halten eine Stange Wasser in die Ecke stellen eine Tasse Nougat schleudern eine tote Robbe gebären eine

Wurst pellen 🚽 einem guten Freund die Freiheit schenken 🚽 einen abseilen 🚽 einen Bergmann in den Stollen schicken 🚽 einen Bob in die Bahn werfen 🚽 einen Bolzen rauspressen 🚽 einen Fisch ins Aquarium setzen 🚽 einen Gruß an die Stadtwerke schicken 🚽 einen Haufen machen 🚽 einen in die Pfanne ballern 🚽 einen inne Schüssel drehen 🚽 einen Kacktus pflanzen 🚽 einen Kranz legen 🚽 einen Neger abseilen 🚽 einen Neger durch die Brille boxen 🚽 einen Torpedo ins Rohr jagen 🚽 einen Turm bauen 🚽 für kleine Königstiger 🚽 Furz mit Festland (Schurzen) 🚽 groß machen 🚽 ich geh kacken 🚽 ich muss mal pissen 🚽 in die Hose ballern 🚽 ins Harnstudio gehen 🚽 ins Keramikstudio gehen 🚽 kackbratzen 🚽 Kaka machen 🚽 koten 🚽 Lulu machen 🚽 mal eben meinen Yogi lüften 🚽 meinem Kleinen kurz die große Welt zeigen 🚽 mit dem braunen Stift malen 🚽 mokkern 🚽 mörteln gehen 🚽 Obama ins Weiße Haus schicken 🚽 pöttern 🚽 römern 🚽 Rosetten-Roulette spielen 🚽 schachten 🚽 schauen, ob das Licht noch brennt 🚽 sich sanitär entspannen 🚽 stuhlen 🚽 torfen 🚽 das in Kinderstuben gelernte Aa-Machen 🚽 und zu guter Letzt: würsteln

DIE GESCHICHTE DER TOILETTE

Den meisten Erfindungen der Menschheit wird ein ähnliches Urteil zugestanden: Es ging auch ohne sie. Ohne das Rad bauten die Azteken und Maya erstaunliche Städte in den südamerikanischen Dschungel, ohne das Schießpulver massakrierte man sich von Hand, ohne den Verbrennungsmotor mussten halt Ochsen und Pferde als Antrieb herhalten, ohne das Mobiltelefon verständigte man sich mit Rauch und Feuerschein über viele Kilometer, und statt Selfies zu fotografieren, ließen sich unsere Vorfahren von Albrecht Dürer und Pablo Picasso in Zeichnung und Ölgemälde porträtieren. Nur ohne Klo – das stank der Menschheit. Die Erfindung wurde zwingend gebraucht, denn schon in der Urhorde fing sich der Urmensch jede Menge Urgeschrei ein, wenn er überall im Urwald seine Tretminen legte. Nach anfänglicher Ratlosigkeit – das kollektive Gehirn befand sich ja noch in der Entwicklung – entschlossen sich Urmann wie auch Urfrau, ihre Hinterlassenschaften immer an derselben Stelle zu deponieren – das Klo war erfunden. Anfangs war es noch sehr rustikal – eigentlich nur ein Haufen Sch…, der regional für atemberaubende Atmosphäre gesorgt haben dürfte –, doch auch vor diesem Problem machte der menschliche Schöpfergeist keineswegs halt …

Klogeschichte 1:

IN GRAUER VORZEIT

Der aufrechte Gang ist eingeführt, so großartige Erfindungen wie die Keule und der Faustkeil sind gemacht, das kreative Potenzial des noch jungen menschlichen Gehirns hat Spielraum. Wird es diesen für erste Errungenschaften der sanitären Kultur nutzen?

Warum pinkeln Männer im Stehen?

Was ging ab im Neandertal, wenn der Neandertaler mal musste? Toiletten im Reich der Mammuts und Höhlenbären? Undenkbar! Schon allein das Pinkeln im Sitzen konnte lebensgefährlich sein, wenn sich auf der Jagd die Beute entschloss, den Spieß umzudrehen und die Jäger zu jagen. Faule Ausrede, sagen emanzipatorisch denkende Menschen. Fest steht nämlich, dass die Hinterlassenschaften der Neandertaler und ihresgleichen auf eine zum Teil auch pflanzliche Ernährung hindeuten, also keine Spur von Gefahr, meine Herren! Sie müssen sich eine neue Ausrede suchen – oder befassen wir uns besser mit der Frühgeschichte …

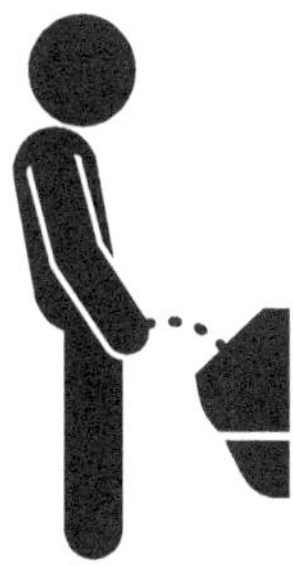

Das Klo der Nomaden und die Heimat

Das Klo der Nomaden war ein temporäres. Umherziehend, wie es ihre Lebensweise war, machten sie mal hier hin, mal dort. Loch in die Erde, reinmachen, zuschütten, weiterwandern. Da der menschliche Geist sich noch nicht mit allzu vielen Inhalten herumschlagen musste, konnte sich der durchschnittliche Nomade sicher merken, wo er sich jeweils einzufinden hatte, wenn ihn die Natur bedrängte. Wurde weitergewandert, sagte sich der intelligentere und vermutlich auch abenteuerlustigere Teil der Horde: »Heute hier, morgen da!«, und erfand das Wanderklo. Aber nicht nur die geistig Minderbemittelten hielten am alten Abtritt fest; mancher entwickelte einfach auch Heimatgefühle, verband warme Emotionen mit seinem gemütlichen Klo und wanderte immer wieder dorthin zurück. Das war ganz schön umständlich und wirft zudem die Frage auf:

Ist mit dem Wort »Heimat« am Ende nichts anderes als der Ort gemeint, an dem mein Klo steht?

Bequemer ist angenehmer

Aus dem Teil der umherziehenden Nomaden, die das Heimatgefühl spürten und gerne ihre Toilette immer wieder an derselben Stelle vorfanden, wurden sesshafte Bauern – sesshaft auch auf dem Klo. Warum nur ein kleines Loch buddeln, wenn in ein großes doch mehrere …? Und warum sich bücken und verrenken, wenn sich aus ein paar Ästen doch ein bequemer Sitz bauen ließ? Die Löcher unterm Hintern wurden größer und größer, die Sitzgelegenheiten bequemer. Man nahm sich Zeit für immer mehr Klokultur.

Pioniere im Nordatlantik

Schon vor 4800 Jahren hatten manche Behausungen auf den Orkney-Inseln Nischen mit Gräben im Boden, durch die Urin und Kot abfließen konnten. Die Inseln nördlich von Schottland haben auch Graffiti und Klosprüche zu bieten, welche die Wikinger um das Jahr 1000 hinterließen.

Asphalt statt Kacheln

Keine Kacheln zwar, aber die Abflussrinnen der Gemeinschaftsklos in Mesopotamien waren schon vor etwa 4400 Jahren mit Asphalt ausgekleidet. Neben dem Klo standen Töpfe mit Wasser zu Reinigungszwecken.

Die Toiletten der Minoer

Ein rätselhaftes, nahezu unerforschtes Volk waren die Minoer auf Kreta. Immerhin wissen wir, dass sie sanitär fortschrittlich ausgestattet waren: Holzsitze, Wasser zum Spülen – und das vor über 3700 Jahren.

Der erste Kloratgeber

Das könnte das Buch Mose gewesen sein. Dort kann, wer will, lesen: »Und du sollst draußen vor dem Lager einen Platz haben, wohin du zur Notdurft hinausgehst. Und du sollst eine Schaufel haben, und wenn du dich draußen setzen willst, sollst du damit graben; und wenn du gesessen hast, sollst du zuscharren, was von dir gegangen ist. Denn der Herr, dein Gott, zieht mit dir inmitten deines Lagers, um dich zu erretten und deine Feinde vor dir dahinzugeben. Darum soll dein Lager heilig sein, dass nichts Schändliches unter dir gesehen werde und er sich von dir wende.« Nachzulesen unter 5. Mose 23 (Lutherbibel).

Das erste Klohäuschen

Hier kann man nur spekulieren, aber wahrscheinlich wurde es gebaut, nachdem der erste unserer Vorfahren ins offene Kloloch gefallen war. Gut, Baumstämme, Äste und Bretter dienten als Sitzmöglichkeit, aber war das sicher genug? Nun wurde das Loch in der Erde überbaut und man genoss das schöne Gefühl, auch bei unwetterartigen Regenfällen trockenen Hauptes seinen Geschäften nachgehen zu können.

Im Laufe der Jahre wurden nicht nur die Ansprüche, sondern auch die Bauwerke größer. Und wer weiß, ob die Architektur der klassischen Antike jeweils zu solcher Grandezza herangereift wäre, hätte es nicht den Wunsch nach dem besseren Klo gegeben.

Klogeschichte II:
DIE ANTIKE

Nun bricht sie an, die Morgendämmerung der großen abendländischen Kultur. Die Sonne der Erkenntnis geht auf, beleuchtet die Welt der Götter, wirft Schatten für Höhlengleichnisse und die Klassiker der Philosophie, Männer, die in angenehmem Mittelmeerklima bedeutende Gedanken denken, und das vermutlich an genau den Orten, an denen auch heute noch die ganz großen Entwürfe entstehen …

Das Abwassersystem der Antike

Schon in den Städten der Antike gab es öffentliche Toiletten, die mit einem Abwassersystem, den sogenannten Kloaken, verbunden waren. Die größte trug in Rom den Namen *Cloaca Maxima* und war im Querschnitt 3 Meter breit und bis zu 4 Meter hoch.

Das Wort *Kloake* kommt übrigens von dem lateinischen Verb *cluere* = reinigen.

Abwasserkanal mit Schutzgöttin

Das Kanalsystem unter der Hauptstadt des Römischen Reiches besaß sogar eine eigene Schutzgöttin mit Namen Cloacina. Ihr wurde im Forum Romanum eigens ein Heiligtum errichtet. In späteren Jahren wurde die Schutzgöttin mit der römischen Venus gleichgesetzt und Venus Cloacina genannt.

Geselliges Beisammensitzen

In der Antike verrichtete man seine Geschäfte nicht allein und versenkte seine Hinterlassenschaften auch nicht im stillen Kämmerlein. Die fäkale Entsorgung war ein überaus sozialer Akt. Man saß nebeneinander, entleerte sich, sprach über Privates oder über Geschäfte und ging dann wieder seiner Wege. Schamgefühl? Warum denn auch?

Echter Luxus

Nur reiche Römer leisteten sich den Luxus einer Latrine in ihren Privathäusern. Die gewöhnlichen Römer, Plebs genannt, taten es öffentlich. Zu Hause nutzte jedes Mitglied eines Haushalts möglicherweise auch einen Nachttopf – dessen Inhalt wurde in einem Fass gesammelt, das war dann das eigentliche Klo.

Lockerer Haufen, die Römer!

Schon die Prachtlatrinen der Antike waren ein Treffpunkt der Reichen und Schönen, geschmückt mit Luxus jeder Art. Verschönert mit Säulen und geheizten Fußböden voller Mosaike. Kein Vergleich zu heutigen Einzelklos – 50 bis 60 Leute fanden damals dort Platz. Man traf sich, redete, kackte und pinkelte, ließ sich mit

Musik berieseln und hin und wieder las ein Dichter aus seinen Werken. Sie waren schon ganz schön dekadent, die alten Römer …

Vielleicht stilvoll …

… aber mit Sicherheit unhygienisch ging es auf den römischen Gemeinschaftstoiletten zu. Archäologen fanden in der dicken Schlammschicht unter den Latrinen die Reste von Flöhen, Zecken, Läusen und Darmparasiten wie Bandwürmern. Damit die ganze Chose nicht überquoll, entleerte man sie hin und wieder. Die Fäkalien wurden auf den Feldern als Dünger ausgebracht, die Parasiten landeten auf der Ernte und mit den Feldfrüchten auf den Tellern der römischen Haushalte. So hatten alle im ganzen Römischen Reich etwas davon …

Vespasienne: das Pissoir als Denkmal

Über 2000 Jahre hat der Name des römischen Kaisers Vespasian an einer unerwarteten Stelle überdauert: In Frankreich bezeichnet man öffentliche Pissoirs als *Vespasienne.*

Nichts mit der Vespasienne zu tun hat der italienische Motorroller Vespa, obwohl sein Name mit denselben fünf Buchstaben beginnt. Französische Motorradfahrer könnten einen Zusammenhang mit dem Pissoir unterstellen, zumal Biker allgemein das Zweirad aus Pontedera/Toskana gern auch als Kloschüssel bezeichnen. Vespa bedeutet aber im Italienischen nichts weiter als Wespe.

Antiker Klospruch

Im antiken Pompeji, im Jahre 79 n. Chr. bei einem Ausbruch des Vesuv verschüttet, ist folgende Inschrift gefunden worden, die wohl von einem Pächter einer öffentlichen Toilette stammen könnte:

»Cacator cave malum! Aut si contempseris,
habeas Jovem iratum!«

»Hüte dich, auf die Straße zu kacken! Sonst wird
dich Jupiters Zorn treffen!«

Klogeschichte III:
DAS MITTELALTER

Ein neues Zeitalter dämmert herauf, neue Fragen erscheinen am Horizont der Erkenntnis: Muss der Ritter raus aus der Rüstung, wenn er mal muss? Was wird wohl zuerst erfunden, die Brille für Kurzsichtige oder die Klobrille? Und warum müssen mittelalterliche Städte so entsetzlich stinken?

Drückt dich das pralle Leben …

… solltest du zum Erker streben! – Die mittelalterlichen Dichter Walther von der Vogelweide und Oswald von Wolkenstein schrieben keine Gedichte über das Klo, sondern widmeten sich in ihren Reimen lieber der edlen Minne. Dennoch werden beide Dichter, so sie der Drang dazu erfasste, gelegentlich zum Abort-Erker einer Burg geeilt sein, um sich zu erleichtern.

Toilette? Herausragend!

Die Erker an einer Burg dienten nicht als Schmuck, sondern waren für hinterlistige Zwecke bestimmt. Darin steckte ein Plumpsklo, und was der Ritter oder das Burgfräulein hinter sich ließen, fiel durch den Fallschacht nach unten ins Wasser des Burggrabens. Dieses Wasser wurde dadurch heftig gedüngt und entwickelte pralles Leben aus dem Pflanzen- und Tierreich. So mancher Karpfen in der Burgküche … Ach, lassen wird das lieber.

Wie der Fürst, so der Bürger

Auch in Wohnhäusern der Städte bediente man sich der Erkerlösung – gut, wenn darunter ein Fluss wie die Lahn floss wie etwa in Marburg. Wenn nicht, klatschten die bürgerlichen Hinterlassenschaften ins Gelände oder gar auf die Gasse vorm Haus.

Eine (nicht so) ganz private Lösung

Wer keine Erkertoilette im Haus besaß, nutzte den Nachttopf, und das verbesserte die Entsorgungswege auf gar keinen Fall. Auch dessen Inhalt wurde spätestens am nächsten Morgen zum Teil des öffentlichen Raums, und das nicht nur für einen einzelnen Stadtbewohner …

Der Leibstuhl

Weil sich in den Städten der Vergangenheit die Aborte außerhalb der Wohngebäude befanden und man nicht immer bei Nacht und Nebel nach draußen wollte, wenn man Bedürfnisse verspürte, nutzte man im Haus auch sogenannte Leibstühle mit einem Loch in der Mitte und einem Gefäß darunter. An jedem Morgen wurden die gesammelten nächtlichen Erzeugnisse der Bewohner – Sie ahnen es – aus dem Fenster gekippt. In Frankreich warnte man die Passanten draußen auf der Straße. Man schrie drei Mal: *Gardez l'eau!* = Vorsicht, Wasser! So konnten sich Vorübergehende in Sicherheit bringen, bevor die Brühe ihren Weg nahm.

Albrecht Dürers Klo

Der geniale Maler und Zeichner Albrecht Dürer (1471–1521) war ein Vorkämpfer der Hygiene: Obwohl die Baubestimmungen der Stadt Nürnberg dies streng untersagten, ließ sich der Meister ein »heimliches Gemach«, nämlich eine Toilette, in seine Küche einbauen. Er musste für diese Ordnungswidrigkeit Strafe zahlen. Allerdings erstattete man dem berühmten Bürger der Stadt den Betrag umgehend wieder. Über die genaue Konstruktion und Nutzungsweise dieser Toilette ist wenig überliefert.

Hygienischer Fortschritt

Um das Jahr 1500 erging in München die Verordnung, dass jeder seine Verdauungsprodukte noch am gleichen Tag von der Straße zu entfernen habe. Es blieb die offene Frage: Wohin damit? Es ist fraglich, ob die ordnungsgemäße Entsorgung überprüft wurde, und wenn ja: mit welchem Ergebnis? Begleitete ein Amtsdiener den gegen die Verordnung verstoßenden Bürger mit seinem Ka(c)ktus bis hinaus hinter die Mauern der Stadt?

Der Schutzpatron der Latrinenreiniger

Diese Aufgabe übernimmt Papst Julius I († 12. April 352 n. Chr.). Warum ausgerechnet er es ist, kann niemand so richtig erklären. Die Zuweisung des jeweiligen Zuständigkeitsgebietes funktioniert auch bei anderen Schutzpatronen nicht nach erkennbaren Kriterien. So ist zum Beispiel Isidor von Sevilla (ca. 560–636) als Kandidat für das Amt eines Schutzpatrons des Internets und der Programmierer im Gespräch, obwohl es zu seinen Zeiten noch gar kein Internet und auch nicht einen einzigen Computer gab. Allerdings verfügen auch seine Konkurrenten über keinerlei Online-Erfahrung.

Der Schutzpatron für Toilettenbesucher

Ein solcher ist nicht bekannt, obwohl das Risiko, sich an einer Toilette oder bei der Benutzung einer Toilette zu verletzen, bei 1:10 000 liegt. Vielleicht sollte die Kirche in diesem Punkte aktiv werden.

Klogeschichte IV:
RENAISSANCE BIS VORGESTERN

Das Mittelalter ist zu Ende, eine neue Zeit bricht an, das geistige Leben erfährt eine Rückbesinnung auf die Werte und Errungenschaften der klassischen Antike, aber auch einen Aufbruch zu neuen Zeiten. Die schöpferischen Kräfte gewinnen wieder an Bedeutung, der Humanismus schreitet voran, aber irgendwie bleibt ein ganz bestimmter Bereich zurück: Die sanitäre Revolution findet (noch) nicht statt …

Wenn der Sonnenkönig musste

Drängte den Sonnenkönig die Natur, so rief er nach einem Diener. Im Schloss Versailles gab es zwar 2000 Räume, aber womöglich keine, bestenfalls nur eine einzige Toilette. Kündigte sich beim Monarchen, einem Höfling oder einem der Gäste Großes an, so trugen Lakaien Leibstühle herbei, die an Ort und Stelle benutzt wurden. Nachts waren Nachttöpfe in Gebrauch. Die Resultate fürstlichen Tuns wanderten, von der Dienerschaft bewegt, in Sickergruben, die in der Umgebung des Schlosses in großer Zahl angelegt waren.

Der Schlosspark, der zum Himmel stank

Versailles war, wie gesagt, ein Schloss ohne sanitäre Anlagen – und doch feierte man rauschende Feste mit mehreren Tausend Gästen. Wie ging das zusammen? Wohin mit den hinterhältigen Überbleibseln? Die Diener mit Leibstühlen allein konnten das nicht schaffen. Kleinere Geschäfte dürften die Herren in den weitläufigen Gartenanlagen erledigt haben, die nicht umsonst prächtig gediehen. Und im Winter? In den endlosen Gängen des Palastes fand sich immer ein Plätzchen, um sein Wasser abzuschlagen. Ein Brokatvorhang, eine Nische und auch so manche prachtvolle Vase in den weitläufigen Gemächern dürften Dinge gesehen haben, für die sie eigentlich nicht bestimmt waren.

Mit Parfüm und Seidentüchlein

Die feine Damenwelt schützte sich in Versailles mit Seidentüchlein, getränkt mit Parfüm, vor dem vermutlich infernalischen Gestank, trug aber dennoch selbst zum olfaktorischen Desaster bei. Nicht nur die Herren, auch die Damen ließen laufen und fallen, was sie nicht mehr bei sich behalten wollten – im Sommer im Park, im Winter auch in den Innenräumen. Die weite, bodenlange Rockmode machte es mühelos möglich. Es gehörte zu den Aufgaben der Dienerinnen, hinter ihrer Herrin für Ordnung zu sorgen …

Dixi-Klo auf zwei Beinen

Öffentliche Toiletten waren knapp im 18. Jahrhundert – wohin also mit den üblichen Hinterlassenschaften, wenn man unterwegs war? Auf dem Lande kein Problem, denn hinter Busch und Baum ließ sich gut pinkeln oder kacken – eine beliebte Tradition, die bis heute im Umkreis von Autobahnparkplätzen mit Begeisterung gepflegt wird, obwohl es ein paar Meter weiter eine perfekt saubere Toilette gibt. Was aber, wenn es den Bürger einer mittelalterlichen Ortschaft drängte? In Edinburgh oder Frankfurt am Main gab es Abhilfe in Form von mobilen Entsorgungsanbietern: das (noch gar nicht erfundene) Dixi-Klo auf zwei Beinen sozusagen. Männer und Frauen mit langen und weiten Umhängen boten ihre Dienste an. Man schlüpfte fürs Geschäft unter den Mantel des Vergessens, unter dem ein Eimer bereitstand, tat, was zu tun war, und zahlte dafür einen kleinen Obolus.

Das allererste Wasserklo

Es war Sir John Harrington, von Beruf eigentlich Dichter, welcher der britischen Königin Elisabeth I. auf den Thron half – auf den wassergespülten nämlich. 1596 baute er sich in seinem Haus in Kent eine Toilette mit Wasserspülung ein. Sie hatte sogar einen Spülkasten mit Ventil. Als er seine Erfindung der Königin vorführte, wollte die sofort so ein *water closet* für ihr Schloss. Sie bekam eines, doch obwohl sich die Monarchin als Vorbild für die Reinlichkeit wassergespült der Natur opferte, setzte sich Sir John

Harringtons WC nicht durch. Die Untertanen hielten es für eine Art skurrilen Scherz. Und: Da es keinen Geruchsverschluss besaß, stank es von unten königlich zum Himmel wie jedes Plumpsklo auch.

Der Erfinder des modernen WCs

Es war der Uhrmacher, Mathematiker und Mechaniker Alexander Cumming aus London, der ein bisschen bei Sir John Harrington stibitzte, dessen Konstruktion veränderte und verbesserte und vor allem ein Detail hinzufügte: ein S-förmiges Abflussrohr, Siphon genannt, das stets mit Wasser gefüllt blieb und so aufsteigende Dünste stoppte. 1775 erhielt Cumming das Patent Nr. 814 für seine harnbrechende Entdeckung. Er hatte das moderne WC erfunden. Ein weiterer WC-Pionier war der englische Klempner George Jennings, welcher die Wasserspülung technisch perfektionierte. Das Publikum konnte 1851 sein WC auf der Great Exhibition im Hyde Park in London bewundern, der ersten weltweiten Industrieausstellung.

Das Klo aus Porzellan

Die Toilettenschüssel aus dem ebenso schönen wie hygienischen Material verdanken wir dem englischen Töpfer Thomas William Twyford. Er entwickelte es im Jahr 1870. Die neuartige Sanitärkeramik bestand aus einem einzigen Stück, wurde frei stehend aufgestellt und war einfach zu säubern. Neben dieser Erfindung verdanken wir Thomas William Twyford Detailverbesserungen bei der Wasserspülung. Man kann sagen, er – wie sein Vaterland überhaupt – hat sich um die Sanitärhygiene sehr verdient gemacht.

Klempner und Sanitär-Pionier

Für die Verbreitung des Keramik-WCs sorgte in England vor allem der Installateur Thomas Crapper, dessen Name im Englischen sehr nach dem umgangssprachlichen *crap* (= Scheiße) klingt. Thomas Crapper hat außerdem der wunderbaren Welt der Badezimmer ein weiteres Detail hinzugefügt: Er ist der Erfinder des Schwimmerventils für Spülkästen.

Das Klo für die Prinzessin

Schon recht früh die Spülung rauschen ließ man im Schloss Bad Homburg. Hier war es die Gattin von Landgraf Friedrich VI., Tochter des englischen Königs Georg III., Elisabeth, Prinzessin von Großbritannien, Irland und Hannover, die bereits 1829 für diese innovative Toilette sorgte – übrigens im Todesjahr ihres Gatten Friedrich.

Das Gästeklo für die Königin

Eine weitere der ersten Toiletten mit Wasserspülung in Deutschland befand sich vermutlich im Schloss Ehrenburg in Coburg, wo sie 1860 – eigens aus England importiert – installiert wurde, weil die englische Queen Victoria dort häufig als Gast weilte.

Die fortschrittlichen Städte

Im Manchester des 19. Jahrhunderts baute man bereits die ersten WCs in die Häuser ein. Das Gleiche geschah in anderen europäischen Großstädten, die über eine Wasserversorgung und ein Abwassersystem verfügten. Doch auf dem Lande kackte man in ganz Europa wie eh und je.

Deutschland, Plumpskloland

Noch 1954 hatten nur 27 Prozent der Haushalte in Deutschland ein innen liegendes WC! Mehr als zwei Drittel aller Deutschen trieb das natürliche Drängen hinaus ins Freie und dann zum Plumpsklo …

DIE GESCHICHTE DES KLOPAPIERS

Eine Toilette ohne Klopapier ist wie ein Fisch ohne Fahrrad – so würde man heute scherzen. Dabei war Toilettenpapier keineswegs von Anfang an eine Selbstverständlichkeit …

STEIN, (SCHERE,) PAPIER

Tiere kennen das Problem nicht – vielleicht ist die besondere Sensibilität für Unsauberkeit an unserer Kehrseite eine der Eigenschaften, die uns von der übrigen belebten Welt abgrenzen und so die menschliche Zivilisation ausmachen …

Sie sparten ein, was sie noch nicht hatten

Die Römer brauchten kein Toilettenpapier. Sie benutzten eine besondere Konstruktion: einen Schwamm an einem Stock, getränkt mit Salzwasser.

Hart im Nehmen

Die alten Griechen waren hart im Nehmen – sie benutzten Steine oder Tonscherben zur Reinigung ihres Hintereingangs.

Das finstere Mittelalter

Der Mensch dieser Tage griff zu Stroh, Laub oder Blattwerk, bestenfalls zu Stofffetzen, um sich dort zu reinigen, wo keine

Sonne scheint. Lange Zeit musste es ohne gehen, doch dann machte die Menschheit mal wieder einen zivilisatorischen Sprung – China sei Dank …

Der saubere Kaiser

Das Toilettenpapier wurde von den Chinesen erfunden, heißt es. Der allererste Mensch mit relativ sauberem Hinterteil war 1391 der chinesische Kaiser Hongwu, der Gründer der Ming-Dynastie. Er herrschte 30 Jahre, zeugte 36 Söhne und 16 Töchter, betrieb Bebauungs- und Bewässerungsprojekte und machte sich gleich doppelt um das Papier verdient: Unter seiner Herrschaft kam sowohl das Papiergeld als auch das Klopapier in Mode. Man verwendete noch keine Rolle, sondern einzelne Blätter, ein jedes davon einen halben Quadratmeter groß. Das kaiserliche Versorgungsamt brachte es immerhin auf eine Jahresproduktion von 720 000 Blatt.

Ohne Moos nichts los!

Das Mittelalter entdeckte das Moos für die Analhygiene, und zwar in Form von faustgroßen Ballen. Auch die äußere Hülle von Maiskolben oder der (abgenagte) Maiskolben selbst mussten hinterrücks herhalten. Dort, wo der Wohlstand Einzug gehalten hatte, verwendete man Lappen oder die Wolle von Schafen. Noch im prachtvollen Zeitalter des Barocks verzichtete man mangels Verfügbarkeit auf Toilettenpapier und blieb bei der Schafwolle.

Oder man griff, wenn man zu den Reichen und Schönen gehörte, zur Seide – Dekadenz pur.

Die fortschrittliche Neuzeit: Klopapier?

Anfangs musste man sich mit Zeitungen begnügen. Ausgewiesenes Klopapier, beim Händler zu kaufen, ist erst seit Ende des 19. Jahrhunderts bekannt. Und erst das 20. Jahrhundert machte das Klopapier zum Marken- oder Luxusartikel, vorperforiert, mit garantierter Blattzahl und im besten Falle mehrlagig oder sogar feucht.

Das erste europäische Toilettenpapier

Es wurde 1857 hergestellt. Auf die Idee mit der Rolle kam man wenig später in England und den USA. In Deutschland kam Toilettenpapier zum ersten Mal im Jahr 1928 auf den Markt.

Lockenwickler?

In den Anfängen galt Papier fürs Hinterteil noch als anstößig. Deshalb gingen manche Rollen für hinterlistige Zwecke als Papierlockenwickler über den Ladentisch. Oder man sagte, um nicht das anstößige Wort Toilettenpapier zu gebrauchen: »Eine Rolle Hakle bitte!« Das schlug der Hersteller vor, ein genialer Marketingtrick.

Sozialistisches Toilettenpapier

Es war sozusagen der Spaß auf der Rolle, denn es erfüllte neben seiner alltäglichen noch eine andere, eher unterhaltende Funktion: Es wurde zum Thema des politischen Witzes. Warum ist das Klopapier in der DDR so rau, fragte der DDR-Bürger rhetorisch. Damit auch der letzte Arsch rot wird!

Warum müssen sozialistische Flugzeuge an den Flügeln aus Sicherheitsgründen perforiert sein? Weil das DDR-Klopapier überall reißt, nur nicht an der Perforation. Volkes Stimme verstand es in Honeckers Paradies immer, Missstände mit schwarzem Humor zu geißeln.

Luxus für den Besuch

Anfang der 1960er-Jahre kosteten vier Rollen Toilettenpapier 1,20 D-Mark – viel Geld in jenen Tagen. Klopapier kaufte man eher für das Gäste-WC oder wenn Besuch kam.

Gehäkeltes Symbol

Der gehäkelte Toilettenpapierhut auf der hinteren Ablage der unauffälligen Limousine wurde neben dem Wackeldackel in den 1960er- und 1970er-Jahren zum Spießersymbol per se. Das antiautoritäre Pendant, das Poster mit Frank Zappa auf dem Klo, kennzeichnete die fortschrittliche Wohngemeinschaft dieser Tage.

Die Rolle museal

Das einzige Toilettenpapiermuseum Deutschlands steht in Düsseldorf-Reisholz auf dem Firmengelände der Firma Hakle, gegründet 1928 von Hans Klenk. Besichtigung nach Anmeldung per E-Mail oder Telefon.

TOILETTENPAPIER HEUTE

Wie sehr das deutsche Wesen nur mit Klopapier genesen kann, zeigten die Hamsterkäufe im Frühjahr 2020 kurz vor dem Höhepunkt der Corona-Krise. Eines wurde in diesen Tagen klar: Ausreichende Mengen von Nudeln, Mehl und vor allem Toilettenpapier machen die Menschen zwischen Flensburg und Oberstdorf glücklich …

Kosmische Dimensionen?

Man schätzt, dass die Deutschen 20 Blatt Toilettenpapier pro Tag verbrauchen. In einem ganzen Jahr wäre das etwa ein Kilometer Toilettenpapier – pro Bundesbürger. Das Toilettenpapier aller Deutschen würde sich auf etwa 80 Millionen Kilometer summieren. Das hört sich viel an, ist aber, in kosmischen Dimensionen betrachtet, nur die halbe Entfernung bis zur Sonne.

Der Klopapierverbrauch pro Jahr: Belgien 10 Kilogramm, Niederlande 14,3 Kilogramm, Deutschland

15 Kilogramm, Großbritannien 17,6 Kilogramm, USA und Kanada 25 Kilogramm.

Ganz Europa bringt es im Jahr auf 5,5 Millionen Tonnen Toilettenpapier oder 22 Milliarden Rollen.

Das bedruckte Klopapier

Vermutlich ist es eine Erfindung der aufgewühlten 1968er-Periode, so mancher Alt-68er nutzte die damals noch spärlich angebotene bedruckte Ware als politisches Statement, zum Beispiel gegen die Atomkraft. Heute ist gestaltetes Papier Standard, damit nicht nur der Allerwerteste etwas vom Gang zur Toilette hat. Ja, manche Toilettenpapierangebote zählen sogar zu den Druckwerken, es bedarf zwingend einer kommentierenden Betrachtung und möglicherweise sogar einer Rezension, denn die alten 1000 Blatt raues Krepp hängen schon lange nicht mehr auf den Toiletten.

Die Dekoration ist vielfältig

Sie sind alle auf der Rolle: Wölkchen, Federn, Blüten, Blätter, Schmetterlinge und Vögel zieren modernes Toilettenpapier, aber auch Sehenswürdigkeiten wie der Eiffelturm oder Fabelwesen wie Einhörner. Buntes Papier verkauft sich in den neuen Bundesländern weitaus besser als im Westen. Einfarbiges Toilettenpapier schätzen Designfreunde für den Einsatz in gestalteten Umgebungen wie etwa Hotels oder Szenekneipen. Dort ist Schwarz die angesagte Farbe. Übrigens: Etwa die Hälfte des gestalteten Toilettenpapiers besteht aus Altpapier.

Klopapier mit Duft

Bundesweit ist Papier mit Duft beliebt. Kassenschlager ist die Duftrichtung Kamille. Daneben sind auch Meeresbrise, Magnolie, Mandelmilch, Frühling oder sogar Popcorn und Zuckerwatte käuflich zu erwerben – und natürlich Aloe vera, wie könnte es ohne Aloe vera gehen? Für die Weihnachtszeit warten Zimt und Spekulatiusduft auf der Rolle.

Sondereditionen werben auf dem Klo

Zum Beispiel für die Kinopremiere eines neuen Spielfilms wie im Falle des Minion-Dramas *Ich – einfach unverbesserlich*. Und sie verbreiten sogar Botschaften für den öffentlichen Raum: Mitteilungen wie »Haltet unsere Stadt sauber!« finden auf dem Klopapier ihren Platz.

Ideal für Fans und Fanatiker

Eine Sonderedition für Fußballfans zeigt die Spielzüge entscheidender WM-Tore der deutschen Nationalmannschaft auf jedem einzelnen Blatt. Bedruckte Toilettenpapierrollen erfreuen die Fans von Borussia Dortmund, Schalke 04 und anderen Vereinen. Vermutlich benutzen die Fans jeweils das Klopapier mit den Insignien des aktuellen Gegners. Vereinsübergreifend bietet sich ein Produkt mit original Rasenduft aus dem Stadion an.

Politik am Arsch?

Atomkraftgegner und Klimafanatiker können via Klopapier mitteilen, was sie scheiße finden. Engagierte Nerds verarbeiten rechtes Propagandamaterial zu Rollen mit »Scheißpapier«: Wer will, kann sich Hetz- und Hassparolen unterm Hintern durchziehen. Wen wundert es, dass es auch schon Toilettenpapier mit dem Porträt von Donald Trump zu kaufen gibt? Motto: *Dump with Trump*. Und in der Anti-Diktatoren-Abteilung ist natürlich auch Adolf Shitler vertreten.

Spaßgeschenke

Rollen mit aufgedrucktem Geld finden ihre Käufer. Auch Rätsel oder witzige Sprüche auf der Rolle sind beliebt. Weihnachtsmotive steigern die Stimmung schon vor dem Gänsebraten. Tannenbäume, Weihnachtsmänner mit oder ohne Rentiere und Schlitten können passend zum Fest erworben werden. Auch Luxus ist gefragt – die Firma Tissuedesign liefert mit 24-Karat-Echtgold oder Silber verzierte Rollen.

KLOPAPIER-REKORDE

Die gewöhnliche Rolle ist nicht genug. Wie könnte es anders sein – Spitzenleistungen sind in allen Lebensbereichen gefragt, auch dort, wo sie einem eigentlich am A… vorbeigehen sollten.

Das teuerste Klopapier

Es wird aus der Wolle des Papua-Nacktmulls hergestellt, der, wie es der Name vermuten lässt, nur wenige Haare hat. Wahrscheinlich müssen für eine einzige Rolle Tausende dieser Tiere geschoren werden. Das Luxuspapier soll seidenweich sein und ist exklusiv nur in Dubai zu haben. Das Blatt – damit wir uns nicht missverstehen, wirklich das Blatt, nicht die Rolle! – kostet 400 Euro, eine Rolle mit 250 Blatt ist für 100 000 Euro zu haben und damit nur für ausgesprochen reiche Ärsche geeignet. Es wäre damit deutlich kostengünstiger, Papiergeld zu benutzen.

Die größte Toilettenpapierrolle

Am Nationaltag des Toilettenpapiers, dem 26. August 2011, hat Procter & Gamble in Cincinnati/USA eine Toilettenpapierrolle seiner Marke Charmin mit einem Durchmesser von 2,97 Metern enthüllt. Sie war breiter als ein Schulbus und enthielt so viel Papier wie 95 000 normale Toilettenpapierrollen. Mit dem Papier hätte man 16 Fußballfelder bedecken können.

Die größte Pyramide aus Toilettenpapier

Die geht auf das Konto von Zarif Neto, Rafael Migani Monteiro und Fernando Gama. Sie erbauten sie am 20. November 2012 in São Paulo/Brasilien. Volle 23 821 Toilettenpapierrollen türmten sich zu einem Bauwerk von 4,10 Meter Höhe empor.

Eine ganz besondere Bürste

Wo Toilettenpapier zu finden ist (wenn welches zu finden ist), hat auch sie ihren Platz: die Toilettenbürste, umgangssprachlich Klobürste, in Österreich Klobesen genannt. Sie dient der Reinigung des Toiletteninneren und ist, selbst wenn sie nagelneu aus der Verpackung kommt, mit dem Stigma des Schmutzigen behaftet. Das hat sie nicht verdient, denn zum einen führt sie wichtige Dienstleistungen aus, zum anderen tut sie ihr Bestes, um nicht zum Himmel zu stinken. So blickt sie zum Beispiel auf eine große und lange Vergangenheit zurück:

- Der Vorläufer der Toilettenbürste, sozusagen ihr Urahn, ist das Xylospongium, ein Gerät, das bereits in der Antike benutzt wurde. An einem hölzernen Stock (griechisch ξύλον, xylon, »Holz«) ist ein Schwamm (griechisch σπόγγος, spongos, »Schwamm«) befestigt. Das Xylospongium wurde für verschiedene Reinigungszwecke genutzt, wohl auch hinterrücks, und das gleich mehrfach schon für mehrere Personen nach oberflächlicher Reinigung in einem Wasserkübel oder einer Wasserrinne.

- Offenbar wurde es aber auch gelegentlich zweckentfremdet: Der römische Philosoph Seneca berichtet vom Selbstmord eines germanischen Gladiators im Abort eines Amphitheaters, indem er sich das Griffstück eines Xylospongiums in den Rachen steckte.
- Eine herkömmliche Toilettenbürste steht in einem Bürstenhalter, der den Bürstenkopf völlig verdeckt und nur den Bürstenstil frei lässt. Das hat den Vorteil, dass etwaige Verschmutzungen am Bürstenkopf nicht mehr zu sehen sind, aber den Nachteil, dass der Bürstenkopf nach Gebrauch nur langsam trocknet.
- Zwar bleiben auch an den Borsten Verschmutzungen (Fäkalien, Toilettenpapierreste, Schmutzwasser) hängen, der wahre unhygienische Sumpf befindet sich aber unter dem Bürstenkopf im Bürstenhalter, eine übel riechende Ansammlung von Keimen und Abfallstoffen.
- Hygienischer sind die mittlerweile angebotenen borstenlosen Toilettenbürsten, bei denen ein Lamellenaufsatz aus Silikon oder Kunststoff die Reinigungsfunktion übernimmt.
- Nahezu überflüssig ist der Gebrauch der Toilettenbürste, wenn die Oberfläche der Toilettenschüssel den Lotuseffekt, eine schmutzabweisende Beschichtung, aufweist. Diese Toiletten verschmutzen kaum, weil nichts am Porzellan haftet, und müssen nur gelegentlich gereinigt werden.

DER LOKUS IM FOKUS

Wir Menschen genießen den enormen Vorteil, unsere Wirklichkeit mit fünf Sinnen zugleich wahrnehmen zu können – manche glauben sogar mit sechs oder sieben. Auf diese Weise gewinnen wir einen umfassenden Eindruck unserer Welt. Hübsche Mitmenschen, paradiesische Strände oder ein neues Automobil, das sich der Nachbar nicht leisten kann – so etwas nehmen wir gerne und mit all unseren Sinnen wahr. Manchmal jedoch betreten wir Erfahrungsbereiche, die wir nicht unbedingt vollständig mit unseren Sinnen zu erschließen wünschen. Im Folgenden geht es um den einen Sinn, den man gelegentlich ausschalten möchte …

DÜFTE UND GERÜCHE

Es war ein langer, duftender Weg vom Loch in der Erde bis zu den prachtvollen Entsorgungspalästen unsinnig reicher Magnaten, gesäumt von Plumpsklos, Toiletten auf Treppenabsätzen und nachträglich eingebauten Klos in Fluren, Dixi-Klos und Hightech-WCs, die auch gleich nach Eiweiß im Urin und Blut im Stuhl suchen. Doch alles begann ziemlich rustikal.

Warum stinken manche Plumpsklos so entsetzlich?

Es liegt an der Vermischung von Kot und Urin: Die entstehende Gülle oder Jauche entwickelt in Gärungsprozessen übel riechende

Gase. Deutlich weniger oder zumindest besser riecht es, wenn man Kot und Urin trennt. Dies geschieht bei sogenannten Trenntoiletten. Urin wird separat gesammelt und als Dünger weiterverwendet, während sich die festen Bestandteile gut kompostieren lassen.

Urin als Rohstoff

Im alten Rom war Urin als Rohstoff sehr begehrt. Gesammelt in den Pissoirs, nutzte man die goldgelbe Flüssigkeit zum Waschen, um Stoffe zu färben oder zum Gerben von Leder. Urin zum Waschen? Das darin enthaltene, stark riechende Ammoniak wirkt in der Tat schmutzlösend.

Geld stinkt nicht!

Der römische Kaiser Vespasian ist der Erfinder der Urinsteuer. Der Ausspruch *pecunia non olet* = »Geld stinkt nicht« wird ihm zugeschrieben. Weil die Geschäfte mit den flüssigen Hinterlassenschaften die Betreiber der Pissoirs auch finanziell recht flüssig machten, besteuerte Kaiser Vespasian ihre Geschäfte – die Latrinensteuer war erfunden. Von seinem vermutlich angewiderten Sohn Titus über die leicht anrüchige Steuer befragt, hielt der Kaiser diesem ein Geldstück unter die Nase. Daraufhin soll Titus den Satz ausgesprochen haben, der die Jahrhunderte überdauerte: *non olet* – es (das Geld) stinkt nicht. So könnte es gewesen sein.

DAS PHÄNOMEN FURZ

Eine andere Duftquelle, die nicht den Hinterlassenschaften entströmt, sondern direkt aus dem menschlichen Auspuff entweicht, ist der Furz. Fürze sind sozusagen Teil des menschlichen Biotops, sind darin für die atmosphärische Komponente zuständig und können so eindringliche und bleibende Wirkungen auf die jeweilige Umgebung ausüben, dass wir uns trotz aller Bedenken entschieden haben, diesem Phänomen ein paar Abschnitte zu widmen – und das trotz oder gerade wegen einiger Selbstversuche.

Alle tun es

Das mehr oder minder lautstarke Ablassen von Darmgasen ist eine allgemein verbreitete menschliche Tätigkeit. Jeder Mensch verströmt zwischen 1 und 1,5 Liter hinterhältige Gase pro Tag, und das in etwa zwölf Einzeldosen. Niemand kann oder sollte sich dagegen wehren. Helene Fischer, der Dalai Lama, Germany's Next Topmodels und die Kanzlerin tun es ja auch.

Die Macht des Aromas

Keiner ist wie der andere, manche müffeln wegen ihres Gehaltes an Schwefelwasserstoff wie faule Eier, andere erinnern eher an ökologischen Landbau mit viel Naturdünger, wieder andere verströmen Aromen, die nicht von dieser Welt zu sein scheinen. Gefürchtet ist der familiäre Kohlfurz, weil er wegen der gemeinsamen und einheitlichen Mahlzeiten ganze Stockwerke in Wohnhäusern, ja sogar Stadtviertel sozusagen polyphon mit Gaswolken umnebelt, die intensiv den Duft von Rosenkohl, Brokkoli oder Weißkohl aushauchen. All das ist letztlich keine menschliche Leistung, sondern die Arbeit von Bakterien im Verdauungstrakt.

Frauen im Vorteil

Der Irrtum, dass dem männlichen Gastrointestinaltrakt mehr Gase in Strömen entweichen als dem weiblichen, wurde von der Wissenschaft längst entkräftet. Aus beiden Quellen strömt es in etwa gleicher Menge, doch unterscheidet sich das Gasgemisch in Zusammensetzung und Konzentration. Die Verarbeitung von Schwefelverbindungen scheint eine speziell feminine Qualifikation zu sein mit dem Ergebnis: Frauenfürze stinken stärker.

Vorsicht, brennbar!

Jugendliche machen sich manchmal einen Gag daraus zu entzünden, was ihren inneren Gasquellen entströmt. Dies gelingt ihnen, weil Fürze oft aus brennbaren Gasen wie Methan, Schwefelwasserstoff und Wasserstoff bestehen, die, einmal entzündet, mit dem Luftsauerstoff reagieren. Kommt es nicht zum Zündvorgang, so waren in zu großer Menge Stickstoff und Kohlendioxid enthalten. In Internetforen werden Hinweise verbreitet, was auf dem Speisezettel stehen sollte, damit die Stichflamme aus der Hose besonders beeindruckend aussehen wird …

Kommunikationsmittel?

Forscher aus Kanada und Schottland haben herausgefunden, dass sich Fürze offenbar für die Unterwasserkommunikation eignen. Manche Fischarten verständigen sich nämlich im Meer über Blähungen; ihre Ausdrucksmöglichkeiten sind dank einer akustischen Bandbreite von drei Oktaven recht beachtlich. Für die zwischenmenschliche Verständigung scheinen damit völlig neue Perspektiven am Horizont auf, wenn man einmal an internationale Konferenzen, Vorlesungen an Universitäten oder Vorstellungsgespräche denkt. Auch auf der Theaterbühne könnten gänzlich neue Konstellationen entstehen.

Achtung, falsche Freunde!

Hier soll nicht etwa vor kriminell motivierten Furzgemeinschaften gewarnt, sondern an eine althergebrachte und an sich lustige Bezeichnung für ein Phänomen erinnert werden, die man gar nicht lustig findet, wenn man davon betroffen ist. Der falsche Freund ist nämlich ein Darmwind mit Land dabei, eine Mischung aus Gas und Feststoff, die braune Spuren in der Unterhose hinterlässt. Kann jedem mal passieren, besonders zu Beginn eines flotten Ottos – noch eine lustige Umschreibung für eine wenig amüsante Verdauungsstörung.

NUR DREI BUCHSTABEN …

Doch mit diesen drei Buchstaben kann man vieles sagen …

Orte namens Klo

- Unser erstes Klo ist ein Ort in der Gemeinde Gislaved in der Provinz Jönköpings län in Schweden.
- Das zweite Klo ist ein Ort in der Gemeinde Øksnes im Fylke Nordland auf der Inselgruppe Vesterålen in Norwegen.
- Das dritte bekannte Klo ist ein Ort in Bas-Sassandra an der Elfenbeinküste.

KLO steht für …

- Haltepunkt Köln-Lövenich S-Bahn (DS100-Code)
- Kalibo Airport (IATA-Code) auf den Philippinen
- Kamtapur Liberation Organisation
- Karabakh Liberation Organization
- KLO, US-amerikanische Radiostation
- Kopenhagen Laptop Orchestra

Klogastronomie

»Das Klo« nennt sich eine Kneipe in Berlin-Charlottenburg, eine Mischung aus Bar, Gruselkabinett, Aufführungsort für Stand-up-Comedy und Bühne für Retro-DJs, welche die 1960er- und 1970er-Jahre musikalisch wiederbeleben. Dekoration: alles rund ums Klo, zum Beispiel zahllose Klobürsten unter der Decke, die ganze Inneneinrichtung eine Kakophonie in Braun. Und ein Kleintierzoo ist das Lokal auch noch: eine Vogelspinne, ein Leguan und eine Boa constrictor sind hier zu Hause. Zart besaitete Menschen kommen ins Schlucken, der durchschnittliche Tourist findet es lustig und sehenswert, englischsprachige Besucher nennen es *strange toilet bar*. »Das Klo« – es existiert seit dem ersten Weihnachtsfeiertag 1971 – ist die dritte von drei derartigen gastronomischen Bedürfnisanstalten, zwei haben nicht überlebt. Seit nunmehr über 40 Jahren können Einheimische und Besucher nicht auf, sondern ins »Klo« gehen – oder im »Klo« aufs Klo. Zwischendurch gibt es Action: ein vollmechanischer Exhibitionist reißt seinen Mantel auf, Tische fahren in die Höhe, Barhocker kippen um, und Figuren wie von der Geisterbahn schlagen von der Decke herab nach den Köpfen der Gäste. Noch verstärkt wird der ganze Albtraum durch eine gekonnte Kotz-würg-kreisch-Akustikuntermalung – die ideale Bedürfnisanstalt für alle, die solche Bedürfnisse haben …

WC INTERNATIONAL

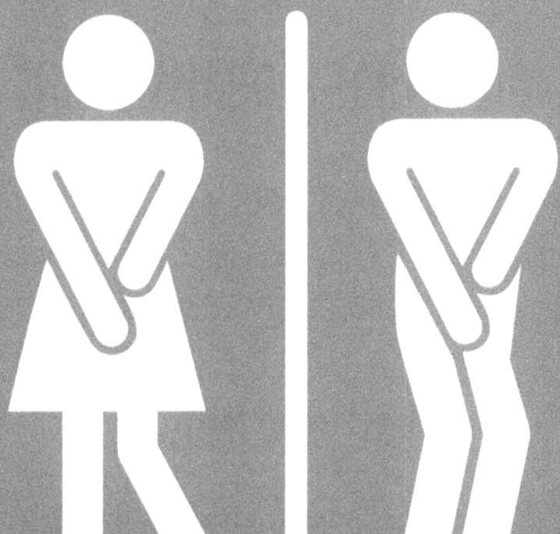

Die Menschheit ist ein ziemlich zusammengewürfelter Haufen. Wir alle denken, wohnen und arbeiten in vielfältiger Weise, ernähren und kleiden uns jeder nach seinem Geschmack, fürchten uns vor immer anderen Schrecken – und doch haben wir vieles gemeinsam. Wir alle werden geboren, wachsen auf, werden erwachsen, altern und sterben, wir werden müde, wenn unsere Tage lang sind, schlafen in der Nacht und wachen morgens auf, und irgendwann müssen wir alle einem ganz bestimmten Bedürfnis folgen, das niemand von uns umgehen kann. Aber auch das geschieht in allen Teilen der Welt auf unterschiedliche Weise …

DIE WAHRE KLOBALISIERUNG

Keine Frage, rund um den Globus erstreckt sich ein gewaltiges und umfangreiches Netz – nein, nicht das World Wide Web, sondern ein Netz von Toiletten, das World Wide WC sozusagen.

Welttoilettentag!

Am 24. Juli 2013 hat die Generalversammlung der Vereinten Nationen auf Antrag Singapurs den 19. November zum Welttoilettentag ernannt. Er soll nicht etwa eine kollektive Ausscheidungsfeier in Luxustoiletten sein, sondern daran erinnern, dass es auf der Erde auch heute, im 21. Jahrhundert, noch fast 2,5 Milliarden Menschen gibt, die in unzureichenden sanitären Verhältnissen leben.

Ungefähr eine Milliarde Kinder zählen zu den Betroffenen und 80 Prozent aller Durchfallerkrankungen sind den schlechten hygienischen Bedingungen geschuldet. Das hat furchtbare Folgen: Alle 20 Sekunden stirbt ein Kind durch mangelnde sanitäre Hygiene, verunreinigte Nahrung oder schmutziges Trinkwasser.

Das sibirische Steppenklo

Das ist nichts anderes als eine Legende. Wahrscheinlich hat sich das jemand auf dem Klo ausgedacht: Es besteht aus zwei etwa 1,80 Meter langen Stöcken, am besten aus Hartholz, etwa vom Kernholz der Sibirischen Zirbelkiefer. Der russische Nordmann trägt sie stets bei sich, wenn er im Freien unterwegs ist, besonders in den zehn Wintermonaten. Spürt er ein Drängen, so sucht er sich zwei nahe beieinander stehende Bäume mit Astgabeln. Er legt den einen Stock quer in diese hinein und schafft sich so einen bequemen Toilettensitz. Dann lässt er die Hosen herunter, setzt sich nieder und wehrt mit dem zweiten Stock die Wölfe ab …

Japan I: wissen, wo es langgeht

Wer in Japan mal muss, folgt am besten Schildern mit Aufschriften wie dieser:

トイレ, 化粧室, 手洗い

Oder einfach dem Symbol eines blauen und roten Männleins. Man landet vor zwei Türen. Auf der einen findet man das Zeichen 男 (Männer), auf der anderen das Zeichen 女 (Frauen).

Asien in der Hocke

In Singapur, Thailand oder Taiwan geht man auf dem Klo in die Hocke. Für die Füße sind links und rechts der Schüssel Trittbretter angebracht. Nach dem Geschäft reinigt man sich mit einer Handdusche. Das Hockklo ist in dreifacher Hinsicht gut für die Gesundheit: Es ist berührungslos, es werden keine Bakterien übertragen und die Haltung des Hockens gilt als natürlich. Auch bei uns und in den USA ist die Hocke im Kommen: Der Squatty Potty, ein Fußhocker für das Klo, ist auf dem Vormarsch. Er bringt tatsächlich die bessere Position!

Eine Extraschüssel fürs Papier

In einer ganzen Reihe von Ländern, etwa der Türkei, Griechenland, Mazedonien, Montenegro, Bulgarien, Ägypten und der Ukraine, in vielen Ländern Südamerikas, aber auch in der chinesischen Hauptstadt Peking wirft man das benutzte Toilettenpapier nicht ins Klo, denn die Abwassersysteme sind nicht überall dafür eingerichtet. Für das benutzte Papier steht ein besonderer Abfalleimer bereit. Der Grund dafür muss nicht nur das marode Röhrensystem der Kanalisation sein. Dort, wo das Abwasser ungeklärt im Meer landet, würden die darin schwebenden Toilettenpapierblätter bei den Touristen zu unangenehmen Erkenntnissen am schönen Sandstrand führen …

Singapur: bloß das Spülen nicht vergessen!

Während anderen Ortes der Spülvorgang mit Klopapier unerwünscht ist, wird in Singapur Vergesslichkeit geahndet. Wer nach dem Toilettengang das Spülen vergisst, wird möglicherweise mit einer Strafe von bis zu 500 Euro belegt.

Schottland: das stille Örtchen

Einsam, aber mit tollem Ausblick – an kaum einem anderen Ort der Welt kann man einen Toilettengang auf diese Weise genießen. Die schottische Regierung ließ auf der unbewohnten Insel Handa für 60 000 Euro eine sturmfeste öffentliche Toilette errichten. Die Insel wird von zahlreichen Seevogelarten bevölkert, für die das Klo allerdings nicht gedacht ist. Über 6000 Ornithologen und Naturfreunde reisen jedes Jahr an und hatten bisher Unangenehmes hinterlassen. Nun können sie mit Blick auf das Meer und den Strand in einem Häuschen mit Torfdach den natürlichen Bedürfnissen Folge leisten, selbst wenn draußen heftige Stürme toben. Wer nachsieht, kann das Häuschen auf Google Earth entdecken.

China: Hightech gegen Rollenklau

Bei Reisen in die asiatischen Staaten Korea und China kann es sinnvoll sein, sein eigenes Toilettenpapier mitzuführen, denn auf den öffentlichen Toiletten wird es immer wieder geklaut. In China ist Toilettenpapier erst im Jahr 2007 eingeführt worden – und wohl deshalb heiß begehrt. Chinas Behörden bekämpfen den Papierklau, indem sie Gesichtsscanner auf den Toiletten anbringen – so viel zum Thema Datenschutz.

Frankreich: das Bidet

Nicht nur in Frankreich, auch in Italien, Spanien, Portugal, Japan, Argentinien und Venezuela findet sich häufig ein niedriges Sitzwaschbecken mit einer Art Dusche von unten neben der Toilette – das Bidet. Diese Einrichtung spart Papier und reinigt sicher. Die ausschließliche Benutzung von Papier empfinden viele Leute in diesen Ländern als unsauber.

Japan II: Toilette mit eingebauter Dusche

Geduscht wird nicht von oben, sondern von unten. Besonders die Japaner lieben ihre »washlets«, die es dort schon seit 1980 gibt. Mit den Hightech-Versionen von heute sind die damaligen Duschtoiletten allerdings nicht zu vergleichen. In unseren Tagen kann der japanische Toilettenbesucher Temperatur und Druck des reinigenden Strahls variieren und sogar die Klobrille auf angenehme 35 °C aufheizen lassen. Und ein bisschen luxuriös darf es auch sein: Eine japanische Firma bietet eine Toilette an, die mit 72 000 Kristallen verziert ist und 97 000 Euro kostet.

Japan III: Hightech unterm Hintern

Für etwas mehr als 8000 Euro kann man die »Toto Neorest« erwerben, eine Toilette wie aus der Zukunft, ausgestattet mit zehn zusätzlichen Funktionen. Die automatische Hebefunktion des Deckels, den temperierten Sitz und die Wasch- und Trockenfunktion findet man auch bei anderen Modellen. Hinzu kommen hier aber ein Fußwärmer, eine Einrichtung für die Frischluft im Raum und die Möglichkeit, das sanitäre Wunder automatisch zu reinigen. Steuern lassen sich alle Funktionen per Fernbedienung. Bei Stromausfall wird aber selbst »Toto Neorest« zu einem ganz gewöhnlichen Klo. Falls Sie Interesse haben: Die Produkte der Marke sind mittlerweile auch in Deutschland erhältlich.

Japan IV: spielend ans Ziel

Während sich der europäische Pinkler mit simplen Aufklebern von Fliegen oder Zielscheiben im Pissoir zufriedengibt – oder sich an Konstruktionen erfreut, bei denen er bestenfalls ein paar analoge Tore erpinkeln kann –, braucht der hoch technisierte asiatische Mensch elektronische Unterstützung beim Wasserlassen. Ein Spielkonsolen-Hersteller arbeitet gerade an »Toylet«, einer Mischung aus Pinkelbecken und Spielcomputer. Dabei steuert der Mann am Becken – bisher gibt es das Gerät nur für das Herrenklo – mit seinem Strahl das Geschehen auf einem kleinen Bildschirm, denn die Innenflächen des Pissoirs sind druckempfindlich. Wenn er richtig zielt, kann er Graffiti löschen, den Rock eines Mädchens anheben oder ähnliche andere Zielsetzungen in Angriff nehmen, wie man sie sich nur in Japan ausdenken kann, wo auch gebrauchte Damenunterhosen in Automaten verkauft werden.

Wasser von unten? Nicht in der Schweiz

Während sich diese Form des sanitären Fortschritts in Asien durchsetzen konnte, scheiterte der Schweizer Hans Maurer mit seinem Dusch-WC, das er schon 1957 entwickelt hatte.

Trinkgeld erwünscht!

Dort, wo kein Drehkreuz den Zugang versperrt und keine direkten finanziellen Forderungen vor dem Toilettengang erfüllt werden müssen, wird Freigebigkeit an anderer Stelle erwartet. Der Mensch von Welt gibt der Putzkraft ein Trinkgeld zwischen 50 Cent und 1 Euro, gern aber auch etwas mehr. Doch um das sogenannte Tellergeld streiten sich oft Arbeitgeber und Arbeitnehmer. Die Klofrau bekommt nämlich nur einen Mindestlohn, und der Arbeitgeber fasst das, was sie für ihr Trinkgeld hält, als »freiwilliges Nutzungsentgelt« seiner Kunden auf. Man streitet nicht um ein paar kleine Münzen – auf dem Teller vor einer Toilette in einem Einkaufszentrum landet an einem Tag mit lebhaftem Publikumsverkehr auch schon einmal ein vierstelliger Eurobetrag.

Viele Namen

In den europäischen Ländern erkundigt sich der Tourist gern mal nach dem Weg zum *water closet* oder zur *toilet*. Dort, wo Englisch die Muttersprache ist, heißt das stille Örtchen seltsamerweise anders: in Australien *dunny*, in Großbritannien *loo*. Für den US-Bürger hat die Bezeichnung *toilet* sogar etwas Anrüchiges und Unappetitliches. Unverfänglicher fragt man nach dem *restroom* oder, je nach Geschlecht, nach dem *men's room* oder *ladies' room*. In Kanada heißt es *washroom*.

Übrigens: In Japan sollte man *benjo* (Toilette) nicht mit *bento* (eine japanische Darreichungsform von Speisen) verwechseln.

Friedensreichs Kunst-Klo

Touristen besuchen regelmäßig eine von Friedensreich Hundertwasser gestaltete Toilettenanlage in dem neuseeländischen Örtchen Kawakawa. Für die Gestaltung des WCs setzte der Maler und Architekt, wie bei seinen übrigen Kreationen auch, auf bewährte Elemente: unebene und dadurch lebendige Böden und Wände, Fenster aus Altglasflaschen, verspielte bunte Säulen und ein grünes Grasdach.

GRÜSSE AUS DEM DIXILAND

In Deutschland heißt das mobile Klo nicht etwa »Johannes«, sondern »Dixi«. Und das kam so: Der amerikanische Soldat Fred Edwards war in den 1970er-Jahren in Deutschland stationiert und nahm als Verteidiger der Freiheit an Manövern teil. Es war weniger der militärische Drill, der ihn dabei störte, als die Notwendigkeit, sich im Felde in Gottes freier Natur zu entleeren – und das auch noch in Anwesenheit ganzer Kompanien von Kameraden. Um diesen Mangel an sanitärer Bequemlichkeit und Privatheit zu beseitigen, befasste er sich mit der Technik des mobilen Klos aus der Vergangenheit, entwickelte es weiter und nannte es »Dixi«.

Warum ausgerechnet Dixi?

Genau das wird sich jetzt mancher fragen. Warum nicht »Fred«? Edwards arbeitete ganz neuzeitlich am Image seines Produktes. Die männlichen Nutzer sollten sich an einen Oldtimer namens BMW Dixi erinnern, die weiblichen an ein gleichnamiges Waschmittel, das damals in Gebrauch war. Schließlich und endlich sollte Dixi nach Dixieland klingen – Fred Edwards wünschte sich Musik im Klo. Wie wir wissen, hatte er Erfolg: Heute sind Baustellen, Straßenfeste und Open-Air-Festivals ohne Dixi-Klos nicht mehr denkbar. Danke, Fred!

Der Papst als Werbeträger

Wie bringt man den Papst dazu, für Dixi-Klos zu werben? Man lädt ihn nach Deutschland ein. So geschehen mit Papst Johannes Paul II., der im Jahr 1980 Deutschland besuchte. Da überall Dixi-Klos aufgestellt waren, gingen die Fotos der mobilen Toilette um die Welt. Beim Weltjugendtag 2005 in Köln hieß der Werbeträger zwar nicht mehr Johannes Paul II., sondern Papst Benedikt XVI., aber auch er nutzte eines der aufgestellten 8000 Häuschen – allerdings nicht das gewöhnliche Baustellen-Plumpsklo, sondern die Premiumversion mit Umkleideraum und Marmorwänden. Es ist nicht bekannt, ob der Papst den ebenfalls zu diesem Modell gehörenden MP3-Player zum Abspielen sanitärförderlicher Choräle genutzt hat.

Feuerwerk auf dem Dixi-Klo

Lebensgefährlich wurde es auf einem Dixi-Klo, als ein Bauarbeiter darunter einen Feuerwerkskörper zur Explosion brachte, während ein Kollege dort sein Geschäft verrichtete – ein sehr schlechter Scherz. Die Folgen: für das Opfer schwere Verletzungen und Verbrennungen im Genitalbereich, für den Täter die fristlose Kündigung.

FÜR JEDEN DAS PASSENDE KLOMODELL

Die *eine* Toilette gibt es natürlich nicht, obwohl das möglicherweise einige praktische Vorteile hätte. Schon in der Vergangenheit war Plumpsklo nicht gleich Plumpsklo und seither hat sich bei den technischen Möglichkeiten erstaunlich viel getan – man könnte sagen: In jedem Haus ein anderes Häuschen …

Das erste WC, erfunden wie gesagt von Alexander Cumming, blieb bis heute mehr oder weniger das Standardmodell, von wenigen technischen Veränderungen abgesehen. Drei Konstruktionsvarianten sind in Europa und den USA gebräuchlich: Flachspüler, Tiefspüler und das Absaugeklo.

Der Flachspüler

Diese Variante ermöglicht es dem Erzeuger, sein Produkt zu begutachten – erst die Spülung lässt es im Siphon verschwinden. Mediziner begrüßen das wegen der besseren Kontrolle.

Der Tiefspüler

Diese Art versenkt die abgesonderten Materiemengen in gut 1,5 Liter Wasser und verhindert so unnötige Geruchsentwicklung. Das Eintauchen unerwartet großer Erzeugnisse kann allerdings zu unerwünschten Spritzern und somit zu einem feuchten Hintern führen. Der Tiefspüler ist in Deutschland am meisten verbreitet und kann als das Standardklo angesehen werden.

Das Absaugeklo

Dieses Klo wird bevorzugt in den USA eingesetzt, nutzt die Saugkraft eines im Siphon erzeugten Vakuums, lässt dadurch alle menschlichen Produkte in der Schüssel blitzartig und manchmal in einem kreisenden Strudel verschwinden, verbraucht aber mehr Wasser als die anderen Modelle. Außerdem gibt es gewisse, recht unangenehme Spritzeffekte …

Die Mittelmeertoilette

Die ersten Mittelmeertouristen traf der Schock: Keine bequeme Sanitärkeramik wartete auf ihre Hinterteile. Südfrankreich, Italien und Griechenland konnten sich nicht einmal ein Plumpsklo leisten, so schien es. Nichts weiter als ein Loch im Boden und zwei Haltegriffe dienten zu, wie Nordeuropäer meinten, ausgesprochen artistischer Entsorgungsgymnastik. Es entspricht in etwa dem sogenannten Hockklo, das auch in Indien, China, der Sowjetunion und Südosteuropa in Gebrauch ist und zu zahlreichen sanitären Katastrophen führte: Der ungeübte Nordeuropäer traf das Loch nicht, rutschte aus und … igitt, sparen wir uns das.

Die Arbeitgebertoilette

Aprilscherz oder urbane Legende? Möglich wäre ein solches Produkt schon, die Überlegungen dahinter hören sich, aus der entsprechenden Perspektive, durchaus bedenkenswert an. Woran krankt die Wirtschaft? Was verursacht Milliardendefizite? Allzu bequeme Firmenklos! Angestellte, die stundenlang auf dem Klo herumlungern, rauchen, Zeitung lesen, auf dem Handy texten oder daddeln oder vielleicht sogar schlafen – von weiteren Ausschweifungen ganz zu schweigen! Arbeitnehmer verbringen 25 Prozent länger auf dem Klo als nötig – und das bezahlt von der Firma! Da können die Investoren ihr Geld gleich direkt die Toilette runterspülen! Nein, das kann kein gewinnorientierter Kapitalist einfach so mitansehen! Über 20 Milliarden Euro soll der Schaden allein für Großbritannien pro Jahr betragen – da fallen ein paar Hundert Euro für eine besondere Toilette nicht weiter ins Gewicht, oder? Ein britischer Unternehmer entwickelte deshalb eine für den Arbeitgeber ideale Toilette, halb Klo, halb Rutsche. Für den vorgesehenen Geschäftsbereich taugt die Bequemlichkeit durchaus, aber nach fünf Minuten ist Schluss mit gemütlich. Ein Sitz mit 13 Prozent Gefälle sorgt dafür, dass die Beine schmerzen und der Besucher aufzustehen wünscht. Die gesetzlichen Auflagen erfüllt der sanitäre Sitz, er ist gesundheitlich ungefährlich und niemand kommt zu Schaden – außer vielleicht die Zeitungsverlage und Telefonanbieter, deren Umsätze plötzlich einbrechen dürften.

KLO-KNIGGE

Gutes Benehmen ist Glückssache – nicht nur bei der Familienfeier oder im Restaurant. Leider ist die Toilette einer der Orte, an dem Menschen jeden Geschlechts und Alters ihre gute Kinderstube vergessen. Kaum vorstellbar: 62 Prozent der Männer und 40 Prozent der Frauen wuschen sich nach dem Toilettenbesuch nicht die Hände – vielleicht hat die Corona-Krise das geändert.

Übrigens: Wenn jemandem verboten wird, eine Toilette zu benutzen, ist dies in Deutschland eine Straftat! Diese kann nach Paragraf 340 Strafgesetzbuch als Körperverletzung angezeigt werden.

Biotop Klo: Hygiene

Nein, wir sind kein leuchtendes Beispiel in Sachen Sauberkeit. Die meisten Deutschen wechseln nur alle vier Monate ihre Zahnbürste. Jeder zwanzigste Mann wechselt die Unterhose nur einmal die Woche, nur 62 Prozent gönnen sich täglich eine frische. Sauberkeit sollte eigentlich eine Selbstverständlichkeit sein, besonders auf dem Klo, sie ist aber nur auf dem eigenen WC mit Sicherheit zu realisieren. Wer die entsprechenden Örtlichkeiten im Restaurant, im Büro oder auf dem Rastplatz aufsucht, muss nackten Tatsachen ins Auge sehen.

Welches Klo ist das sauberste?

Das hat sich schon mancher gefragt, der eine öffentliche Toilette benutzen musste, besonders, wenn der letzte Putzdienst schon lange vorbei war. Nach statistischen Erhebungen soll die Toilette hinter der ersten Tür die sauberste sein, weil sie am seltensten benutzt wird. Wenn sich diese Information allerdings herumspricht, ist es auch dort bald mit der Sauberkeit vorbei.

Die Gefahr ist braun

An einer verschmierten Toilettenbrille haften zahllose Keime, Durchfallkrankheiten wie eine Salmonelleninfektion oder eine solche mit Noroviren sind durchaus möglich – aber unwahrscheinlich, weil sich kein Mensch auf eine erkennbar verschmutzte Toilettenbrille setzt. Selbst wenn er es täte, hingen die Keime zunächst auf seiner Kehrseite und müssten dann erst über die Hände in den Mund gelangen, um eine Krankheit zu verursachen – kein gängiger Infektionsweg.

Was hässlich und vielleicht sogar schmutzig aussieht, muss nicht unbedingt gefährlich sein. Die Statistik beweist keinen Zusammenhang zwischen Infektionen und den Besuchen auf öffentlichen Toiletten, schon gar nicht für sexuell übertragbare Krankheiten. Hier einmal im Detail:

- Gonorrhö (Tripper) wird ausgelöst durch empfindliche Erreger, die Übertragung durch Toilette, Handtücher oder Waschlappen ist praktisch unmöglich.
- Syphilis wird fast ausschließlich durch sexuellen Kontakt übertragen, nicht auf dem Klo.

- Weicher Schanker wird fast immer durch sexuellen Kontakt übertragen, nicht auf dem Klo.
- Trichomonaden sind sehr infektiös beim Geschlechtsverkehr, werden jedoch sehr selten durch Schmierinfektion (Handtücher, Pool, Sauna) übertragen.
- Chlamydien sind die häufigste Infektion und ausschließlich sexuell übertragbar.

Gut geschütztes Hinterteil

Unsere Haut an Gesäß und Oberschenkeln stellt eine effektive Barriere dar. Wenn die Haut intakt ist, haben die Erreger von Geschlechtskrankheiten, Pilze oder andere Infektionen keine Chance. Auch Filzläuse kommen hier nicht weiter. Außerdem ist die durchschnittliche öffentliche Toilette wegen ihrer glatten Oberfläche oft sauberer als Waschbecken, Schneidebretter oder Plastikschwämme in der Küche.

Training für die Beinmuskeln

Wer über dem Toilettensitz »schwebt« und keinen Kontakt mit der Brille hat, vermeidet nicht nur den Kontakt mit unter Umständen kontaminierten Zonen, sondern trainiert ganz nebenbei die Beinmuskeln. Die Hocktoiletten südlicher Länder machen derartige Übungen alltäglich.

Selbstreinigende Toilettenbrillen

Diese sind nur dann voll wirksam, wenn sie auch funktionieren, das heißt genügend Reinigungs- und Desinfektionsmittel verwendet wird. Sonst hinterlässt der Vorgänger auch auf diesen einen biologischen Abdruck. Wer auf Nummer sicher gehen will, betätigt die Selbstreinigung noch einmal vor der Benutzung.

Die Klobrille mit Toilettenpapier auslegen?

Das ist keine gute Idee in öffentlichen Toiletten, denn dort ist das Klopapier schon kontaminiert, bevor es überhaupt abgerollt wird. Der Grund dafür: Tröpfcheninfektion durch herumfliegende Mini-Wasserkugeln beim Spülen mit geöffnetem Toilettendeckel. Zwischen zwei Besuchern nisten sich die durch die Luft geflogenen Keime in aller Ruhe in der Toilettenpapierrolle ein und finden dort einen angenehmen Lebensraum. Ist Ihnen schon einmal aufgefallen, dass sich die Klorolle irgendwie feucht anfühlt?

Klodeckel runter!

Vor dem Spülen sollten Sie unbedingt den Toilettendeckel schließen! So kann verhindert werden, dass beim Spülen über feinste Wassertröpfchen Krankheitserreger in die Umgebung versprüht werden.

Ist das Pissoir hygienischer als das WC?

Nur wenn jeder Benutzer gut zielen kann. Das ist vor allem dort, wo Alkohol ausgeschenkt wird, keineswegs der Standard.

Die Gefahr lauert woanders

So ganz ungefährlich ist ein Toilettengang heute trotzdem nicht. Die Gefahr lauert auf Türklinken und Wasserhähnen. Wer sich nach dem Stuhlgang die Hände wäscht, muss den Wasserhahn aufdrehen. Dabei kontaminiert er den Drehgriff, der nächste Benutzer infiziert sich möglicherweise bei dem Versuch, eine Infektion durch Erreger vom Klo durch das Händewaschen zu verhindern.

Wer die Hände nicht wäscht, verschmutzt die Türklinke. Von dort ist es über die Hände in den Mund kein weiter Weg mehr für die Krankheitserreger.

Hier bringt die moderne Technologie Abhilfe: Berührungslose Wasserhähne minimieren das Risiko einer Infektion drastisch.

Noch eine Hygienefalle: Textile Handtücher zum mehrfachen Gebrauch verbreiten die Krankheitserreger zuverlässig. Besser sind Einmalpapiertücher oder der Händetrockner. Gibt es diese nicht, trocknen die Hände auch von allein.

Andere Ängste rund ums Klo

Stinkig, kalt, feucht und mit wer weiß welchen Bakterien und Viren verunreinigt – hassen Sie auch öffentliche Toiletten? Menschen fürchten aber nicht nur eine Infektion mit Krankheitserregern, es gibt auch psychologische Beeinträchtigungen. Wenn aus der Abscheu eine Angst wird, trägt diese den wissenschaftlichen Namen *Paruresis* und es handelt sich um eine Phobie. So mancher muss sich wegen seiner Angst vor dem Urinieren auf öffentlichen Toiletten therapieren lassen. Manchmal mischt sich diese Störung mit der *Venerophobie*, der Angst vor Geschlechtskrankheiten, die aber nachweislich nicht auf der Toilette übertragbar sind, wie schon gesagt wurde.

Montezumas Rache

Hierbei handelt es sich um eine konkrete Gefahr, die zwar nicht unbedingt auf der Toilette ihren Ursprung haben muss, die sich aber in einer ausgesprochen hohen Besuchsfrequenz verfügbarer Toiletten auswirkt: Montezumas Rache nennt man eine häufige Reiseerkrankung bei Südamerika-Touristen, die sich in massiven Verdauungsstörungen ausdrückt. Der Flotte Otto, der jeden dritten Fernreisenden nicht nur in Südamerika erwischt, wird meist durch der Immunabwehr fremde Erregerstämme von Escherichia coli oder Campylobacter verursacht, schlimmer trifft es die, welche Salmonellen erwischt haben. Die südamerikanischen Hocktoiletten müssen nicht die Erreger sein – eine Übertragung durch Speisen und Getränke ist wahrscheinlicher.

Mit dem Sachverhalt hat es folgende Bewandtnis: Montezuma, der ausgesprochen gastfreundliche letzte Azteken-Herrscher (1467–1520), bezahlte sein Wohlwollen gegenüber dem spanischen Eroberer Cortez und seinen Truppen mit dem Leben. Den Mord an ihm rächen nun Myriaden von Krankheitserregern an den Touristen bereits über Jahrhunderte. Mancherorts machen sich die Touristen die Mühe, den jeweiligen Rächer an die Region anzupassen – dann heißt der Durchfall eben Fluch des Pharaos.

Nicht ins Klo gehören …

- Essensreste in der Toilette locken Ratten ins Haus. Sie kriechen auf der Suche nach mehr Küchenabfällen aus der Toilette.
- Hygieneartikel wie Binden, Tampons, Wattestäbchen und Feuchttücher können zu üblen Verstopfungen führen.
- Kondome können ebenfalls zu Verstopfungen führen. Das Gummi ist auf natürlichem Wege nicht abbaubar und gehört in den Hausmüll.
- Überzählige Pillen und andere Medikamente gehören nicht in die Toilette, denn Chemikalien im Abwasser passieren das Klärwerk unverändert und gelangen in die Natur. Die Giftstoffe im menschlichen Urin sind schon belastend genug. Hormone aus der Antibabypille verändern das Geschlecht von Fischen, die Antibiotika von Patienten im Abwasser sind mit für resistente Bakterienstämme verantwortlich.
- Zecken – die überaus zähen Parasiten überleben die Reise durch die Spülung in der Regel und vermehren sich andernorts weiter.

Es gibt schmutzigere Dinge als das Klo

Das Tückische an Schmutz ist, dass man ihn nicht immer bemerkt. Dort, wo man die schlimmsten hygienischen Katastrophen vermutet, finden sie oftmals gar nicht statt. Sie befinden sich eher an Orten, die man ganz und gar nicht mit gefährlichen Verunreinigungen in Verbindung bringt – zum Beispiel am eigenen Hals:

- Weil Krawatten nie gewaschen werden, nisten sich in ihrem Stoff im Laufe der Zeit mehr Keime ein, als auf der Toilette zu finden sind.
- In jeder vierten Handtasche finden sich krankheitserregende Bakterien.
- In jedem zweiten Kühlschrank leben Schimmelpilze und pathogene Keime.
- 12,5 Prozent aller Deutschen fingern den ganzen Tag auf dem Handydisplay herum, reinigen aber das Smartphone nie oder streifen Verschmutzungen einfach an der Kleidung ab.
- 25 Prozent aller in der Küche verwendeten Lappen, Geschirr- und Handtücher sind mit E-Coli-Bakterien kontaminiert, weil sie viel zu lange verwendet werden.

Wie sag ich es meinen Gästen?

Vor ein ungeahntes Knigge-Problem stellt die technische Entwicklung des WCs besonders Technik-Freaks, die mit ihrem

Smartphone jede Neuerung ansteuern, zum Beispiel die mit den zehn wichtigsten Biomarkern arbeitende Toilette, die US-Forscher entwickelt haben und die sogar die Menge, Strahlgeschwindigkeit und den Zeitraum der Entsorgung messen kann. Das schlaue Stück Keramik gewinnt seine Erkenntnisse aus Stuhl und Urin und sagt dem Benutzer dann schonungslos: »Tja, Herr Günzbacher-Schurz, es tut mir leid, Ihnen mitteilen zu müssen, aber Sie leben nur noch ein paar Tage. Sie haben diese furchtbare seltene Form von …«

Will der Benutzer der Toilette das wirklich wissen? Da lässt man fröhlichen Mutes und gut ausgeschlafen seinen Morgenurin in die Schüssel sprudeln und bekommt eine Hammer-Diagnose? Zum Glück redet die Toilette nicht, sie sendet ihre Informationen an ein Wearable – ein Fitnessarmband oder eine Smartwatch oder an den Hausarzt. Was für ein Segen für den durchschnittlichen Verdränger!

Aber was ist, wenn die Schüssel eines Tages doch redet? Stellen Sie sich einmal dieses Szenario vor: Sie haben an einem schönen Sommernachmittag Ihren Chef nebst Gattin oder die Chefin nebst Gatten zu Besuch, alles ist hell und heiter, die Dame muss mal, fragt scherzend nach, wo sie denn ihr Näschen pudern könne – und kehrt fünf Minuten später kreidebleich zurück, als wäre ihr ein Gespenst begegnet. Sie Trottel haben vergessen, den quatschenden Schnelldiagnostiker abzustellen, auf den sie nichts ahnend ihren nackten Hintern gesetzt hat …

KLOFAKTEN

Nun ist die Stelle erreicht, an der Hintern auf harte Fakten und auf nackte Zahlen trifft. Die vielfältigen Auflistungen in der Klostatistik und die rekordverdächtigen Tatsachen im Zusammenhang mit der menschlichen Entsorgung können beeindrucken – besonders, wenn man sie sich lesend auf der Toilette zu Gemüte führt.

WIE LANGE, WIE OFT? KLOSTATISTIK

Alles messen und dokumentieren – der Statistiker mit der Stoppuhr wird auf dem Klo sicher nicht mit Begeisterungsstürmen empfangen. Aber es gibt einige harte Fakten, denen man ins Auge sehen muss – oder auch nicht …

Männer brauchen länger

Dies gilt besonders dann, wenn es um die langen Sitzungen geht: 6 Prozent aller Männer benutzen die Toilette für 15 bis 30 Minuten – der Rest ist deutlich schneller. Bei den Frauen zählen nur 4 Prozent zu den Langzeit-Sitzerinnen.

Wie viel Zeit verbringt ein durchschnittlicher Deutscher auf dem Klo – nicht täglich, sondern insgesamt? Bei durchschnittlicher Lebenserwartung kommt jeder Bundesbürger etwa auf 230 Tage Sitzungszeit. Zum Vergleich: In der Badewanne verweilen Durchschnittsdeutsche im Laufe ihres Lebens gut zwei Jahre – wenn sie nicht duschen, sondern stets baden.

Ohne Klo fehlt dir was

Immerhin noch gut 300 000 Wohnungen hierzulande verfügen laut Wohnraum- und Gebäudezählung nicht über ein eigenes Bad oder WC. Kaum jemand aus der großen Masse der Toilettenbesitzer kann sich vorstellen, was das im Alltag bedeutet. Man bekommt zum Beispiel Informationen über seine Mitmieter, auf die man gerne verzichtet hätte.

Ein gewaltiger Haufen

Über fünf Tonnen Kot lässt ein einzelner Mensch im Laufe seines Lebens hinter sich, jeden Tag etwa 190 Gramm. Wen wundert es angesichts dieser Zahlen, dass jeder Deutsche etwa 15 Kilogramm oder 46 Rollen Toilettenpapier pro Jahr verbraucht, in seinem ganzen Leben ungefähr 3600 Rollen? Das jedenfalls ermittelte der Industrieverband für Körperpflege und Waschmittel in einer Untersuchung zum Thema. Zum Vergleich: Ein ausgewachsener Elefantenbulle bringt es auf bis zu 100 Kilogramm Kot – am Tag. Und das ganz ohne Klopapier.

Die längste K(n)ackwurst aller Zeiten

Erstaunlicherweise stammt die nicht von einem Mann. Die Dame, die sie produzierte, nahm 1995 an einem »ernährungswissenschaftlichen Experiment« der Universität von Michigan/ USA teil und für dieses Experiment erhebliche gesundheitliche

Gefahren in Kauf. Der Versuchsaufbau: Man(n) verfütterte große Mengen extrem ballaststoffreicher Nahrung an eine Frau, der man einen Stöpsel in den Po verpasst hatte, damit sie nicht vorzeitig Masse verlor und der Versuch dadurch im wörtlichen Sinn in die Hose ging. Das Ergebnis: ein 7,92 Meter langes Ding, ausgeschieden auf einer Bowlingbahn – wo soll man das sonst unterbringen? Jetzt steht es im *Guinness-Buch der Rekorde* – vom »Forschungsergebnis« hat man nie wieder etwas gehört.

Gefährlich?

Das Risiko, sich auf der Toilette zu verletzen, beträgt 1 : 10 000. Das bedeutet: Bei jedem 10 000. Toilettenbesuch wird im Anschluss zumindest die Konsultation eines Arztes nötig. Immerhin 40 000 Amerikaner verletzen sich pro Jahr beim Gang zur Toilette, so die Statistik.

Warum muss man, wenn man Wasser plätschern hört?

Vermutlich verbindet unser Gehirn die Handlung Pinkeln im Sinne einer Konditionierung mit dem Geräusch Plätschern. Auch die Wissenschaft weiß nicht genau, warum – aber der Vorgang ist belegt. 1974 berichtet die medizinische Fachzeitschrift *The New England Journal of Medicine* in einem Artikel eines Arztes über seine Erfolge mit dem »Audio-Katheter«: Prostata-Patienten, die nach einer Operation Schwierigkeiten hatten, Wasser zu lassen, wurden durch Wassergeräusche vom Tonband hervorragend motiviert. Spätestens nach 30 Minuten konnten sich 75 Prozent der Patienten erleichtern.

KLOREKORDE

Im *Guinness-Buch der Rekorde* finden sich neben den üblichen Disziplinen auch ausgesprochen abwegige Bereiche wie das Gewichtheben mittels Bart oder das Bogenschießen im Handstand. Immer auf der Suche nach dem Sensationellen und Wundersamen findet sich auch zu den Themen am unteren Ende der Verdauungskette Faktenmaterial, das beeindrucken und unterhalten kann.

Die größte Toilette der Welt

Die steht in Hornberg/Baden-Württemberg. Das 12 Meter hohe Monsterklo ist in die Fassade des Design-Center eingefasst, dient als weithin sichtbares Symbol des Badmöbelherstellers Duravit und wird als Aussichtsplattform genutzt.

Auch nicht gerade klein ist die Toilettenschüssel im Kidscommons – Columbus' Community Children's Museum in Columbus/Indiana, USA. In ihr finden immerhin zwei Personen Platz. Die Toilette ist Teil einer Ausstellung rund um die Technik im modernen Haus und wird zwar heftig für Selfies und Familienfotos, aber nicht für die persönliche Erleichterung genutzt.

Die größte öffentliche Toilette der Welt

Sie befindet sich in Ichihara/Japan, direkt neben dem Bahnhof, darf nur von Frauen genutzt werden und hat 125 000 Dollar gekostet. Damit war sie eigentlich preiswert. Sie steht in der Mitte einer 200 Quadratmeter großen Fläche, die mit einem 2 Meter hohen Zaun eingefriedet ist, und ist von Blumen umgeben – alles für die Entspannung! Das eigentliche Klo ist schneeweiß und befindet sich in einer Glaskabine, die aber mithilfe von Vorhängen zu einem ganz und gar privaten Ort werden kann.

Die kleinste Toilette der Welt

Die in Japan stehende kleinste Toilette der Welt ist eigentlich eine Skulptur, genannt *chisai benjo*, die kleine Toilette. Ihr Schöpfer Takahashi Kaito modellierte sie mithilfe von Ionenstrahlen aus Silikon. Nicht einmal ein Tropfen passt hinein. Sie ist nur mit einem Elektronenmikroskop in 15 000-facher Vergrößerung zu erkennen.

Die schnellste Toilette der Welt

Die erreichte 75 Kilometer pro Stunde. Die Kanadierin Jolene Van Vugt nutzte 2012 für ihren Rekordversuch in Sydney/Australien eine eigens angefertigte Renntoilette mit vier Rädern und schaffte es, die bisherige Rekordmarke um 7 Stundenkilometer zu übertreffen. Bestätigt wurde die Höchstgeschwindigkeit von der australischen Polizei, die sich eigens zur Geschwindigkeitsmessung an der Strecke aufgebaut hatte.

Die schnellste Toilette ohne eigenen Antrieb

Die pilotierte ein wagemutiger Rennfahrer namens Brewton McCluskey im South Georgia Motorsports Park in Cecil/USA. Er erreichte am 4. April 2011 auf einer von einem Auto gezogenen Toilette eine Geschwindigkeit von 83,7 Kilometer pro Stunde.

Die höchste Toilette der Welt

Wenn man ganz hoch oben mal muss, ist man im Himalaja fein raus. Eine schottische Firma hat für immerhin 8300 Euro ein ganz gewöhnliches Klo mit Holzbrille an einem ungewöhnlichen Standort aufgestellt: Volle 5250 Meter über dem Meeresspiegel gibt es eine öffentliche Toilette mit getrennten Räumen für Frauen und Männer. Bodenanker und Stahlseile sichern den stillen Ort. Auch wenn es draußen stürmt, können Forscher und Bergsteiger sicher ihren Geschäften nachgehen. Das ist auch ökologisch wichtig: Einfach so zurückgelassene menschliche Hinterlassenschaften halten sich bei der Hochgebirgskälte und in der dünnen Luft unerwünscht lange.

Das höchste Toilettenhäuschen Europas

Das steht am Mont Blanc in Frankreich/Italien. Auf 4260 Meter Höhe ermöglicht es Bergsteigern seit 2007, den »weißen Berg« zu erklimmen, ohne ihn auf dem Weg nach oben zu verunreinigen. Daran hatten zuvor jährlich rund 30 000 Besteiger mit ihren Hinterlassenschaften gearbeitet.

Die tiefste Toilette der Welt

Die befindet sich ausgerechnet dort, wo man eher Superlative in der Höhe erwartet: in Tibet. Im tibetischen Potala-Palast auf dem Berg Mapori in der Stadt Lhasa, der ehemaligen Residenz der Dalai Lamas, findet man im nördlichen Teil des Deyang-Gebäudes in 60 Meter Tiefe eine Toilette – wenn man sie bei den zeitlich knapp bemessenen Möglichkeiten für die touristische Erkundung denn findet …

Die älteste Toilette der Welt

Bereits vor 240 Millionen Jahren wurde eine Toilette intensiv genutzt. Nie hat sie ein Mensch betreten, geschweige denn benutzt, denn der uralte Abort im argentinischen La Rioja diente ausschließlich Dinosauriern zur Erleichterung. Paläontologen entdeckten dort versteinerte Ablagerungen, vermutlich produziert von Dicynodontia. Diese Dinosaurierart war unserem heutigen Nilpferd nicht unähnlich, fraß Pflanzen und hinterließ der Forschung zufolge an dieser Fundstelle bis zu 90 Haufen pro Quadratmeter.

Die teuerste Toilette auf der Erde

Wenn es Geld kostet, können die Besucher auch einen gewissen Qualitätsstandard erwarten. Wie ältere Mitbürger wissen, stanken das Bahnhofsklo und auch die Autobahntoiletten früher zum Himmel und waren im Regelfall bis in die 1990er-Jahre nicht ohne ABC-Ausrüstung begehbar. Dank Kommerzialisierung – nun kostet die Toilettenbenutzung einen Obolus, ganz wie im alten Rom – entwickelten sich diese stillen Orte vom Schocker zur Wellnessoase mit Musikberieselung, Werbeanzeigen an der Tür und automatischer Toilettensitzreinigung. Es mag Leute geben, deren Toilette zu Hause diesen Standard nicht erreicht.

Die teuerste Toilette steht übrigens in Hongkong. Sie besteht aus 24-karätigem Gold und ist fast 35 Millionen Euro wert.

Das Haus der 1000 Toiletten

Vier Stockwerke hoch ist eine beeindruckende Bedürfnisanstalt der 30-Millionen-Stadt Chongqing im Südwesten Chinas, auf 3000 Quadratmetern stehen über 1000 Toiletten für die Besucher bereit. Auf der höchsten Etage kann man das Landschaftspanorama der Umgebung genießen. Doch ist dies nicht das einzige sanitäre Highlight: Die Stadt Chongqing folgte 2017 dem Aufruf zur »Klo-Revolution« von Staatspräsident Xi Jinping und gestaltete öffentliche Toiletten zu angenehmeren Orten um: sauber und modern, mit warmem Wasser, WLAN und Klimaanlage. Dabei wurde Tempo gemacht: In zwei Jahren sollten 720 neue öffentliche Toiletten zur Verfügung stehen, was auch gelang – darunter viele farbenfrohe und kreative Lösungen.

Zwanghafte Dauersitzung

Sie heißt Pam Babcock und ist mittlerweile dafür bekannt, sehr lange auf der Toilette zu sitzen. Wahrscheinlich hat sie mehr Zeit auf der Toilette verbracht als je ein Mensch vor ihr. Das hatte Ursachen – Pam litt wegen Gewalterfahrungen in ihrer Kindheit unter einer Phobie und konnte das Badezimmer – ihren sicheren Ort – deshalb nicht verlassen. Ihr Freund versorgte sie mit Wasser und Lebensmitteln, holte aber erst nach etwa zwei Jahren Hilfe. Die Folgen: Die 35-Jährige aus der kleinen Ortschaft Ness City in Kansas musste ins Krankenhaus, wo der Toilettensitz operativ entfernt wurde. Ihre Haut war tatsächlich mit dem Holz des Sitzes verwachsen.

Öffentliche Toiletten weltweit

In Peru gibt es keine öffentlichen Toiletten – sind Sie auch schon irgendwo auf diesen haarsträubenden Unsinn gestoßen? Schauen Sie doch selbst nach auf einer Internetseite, die zu den größten Errungenschaften des digitalen Zeitalters gehört: https://pee.place/de.

Das Achterbahn-Klo

Weil der US-Amerikaner Richard Rodriguez, Hochschullehrer und King of Rollercoaster, im Jahr 2003 unbedingt einen Eintrag im *Guinness-Buch der Rekorde* erreichen wollte, entschloss er sich, Achterbahn zu fahren – wochenlang. Sein Vorhaben realisierte er im Holiday-Park Haßloch (Rheinland-Pfalz) und tatsächlich: Er blieb sieben Wochen lang in der Spur. Natürlich musste er zwischendurch auch einmal aufs Klo, doch anders als in anderen Rekordregularien gab es keine 5-Minuten-Pause. Er musste sein Geschäft auf der Achterbahn erledigen. Das Problem löste die Firma Dixi, für ihre mobilen Toiletten bekannt, auf erstaunliche Weise: Sie fertigte ihm für 12 000 Euro eine Spezialkonstruktion an – das Achterbahn-Klo, das auf den Schienen angebracht wurde. Neben dem Spaß an Rekorden motivierte Richard Rodriguez auch das Sammeln von Hilfsgeldern für gemeinnützige Organisationen, unter anderem für UNESCO.

Teuer pinkeln im All

Wer eine besondere Reise unternehmen will, benötigt eine spezielle Ausrüstung. Das betrifft nicht nur Raumanzüge und Geräte für die wissenschaftlichen Experimente. Mit einer ganz gewöhnlichen Schüssel aus dem Baumarkt mit Wasserspülung kann man in der Erdumlaufbahn nicht viel anfangen.

Auch Astronauten müssen mal, und in der internationalen Raumstation ISS herrschen entsorgungstechnisch schwierige Bedingungen: Schwerelosigkeit, zahlreiche Menschen auf sehr engem Raum, die Notwendigkeit, alles zu recyceln, was so anfällt. Deshalb kaufte die NASA 2008 ein ganz besonderes Klo, und zwar in Russland. Der russische Raumfahrtkonzern RSC Energia war dem amerikanischen Weltraumprogramm deutlich voraus und wollte schwerelose menschliche Hinterlassenschaften im All vermeiden. Was das Superklo in der ISS kostete? Es war ungefähr 19 Millionen Dollar teuer. Dafür kann das recht gewöhnlich aussehende Sanitärmöbel wahre Wunderdinge, zum Beispiel Urin zu Trinkwasser aufbereiten. So funktioniert's: Die Besatzungsmitglieder pinkeln in eine Art Trichter, der Urin ansaugt und in ein Aufbereitungssystem pumpt. Die Getränke an Bord haben also möglicherweise bereits die Rundreise durch alle Teilnehmer der Mission hinter sich.

Teuer war sie also, die Weltraumtoilette, aber dennoch nicht ganz dicht. Bei Arbeiten am Astronautenklo kam es auf der ISS zu einem größeren Wasserschaden. Etwa 11 Liter Wasser – etwas mehr als ein großer Eimer – liefen dabei aus. Das besondere Problem dabei: Wasser schwebt in der Schwerelosigkeit. Es musste von der Crew eingefangen werden – mit Handtüchern. Die Elektrotechnik der Raumstation bekam offenbar kein Wasser ab, alles funktioniert nach wie vor einwandfrei.

Bis zu 100 Menschen will der Raumfahrtunternehmer Elon Musk mit seinem *Starship* zum Mars schicken. Das erfordert vielfältige Vorbereitung. So befindet sich auf der ISS bereits eine neue, komfortable und langstreckentaugliche Toilettentechnik in der Erprobung.

KLOKULTUR

Auch wenn man sich mit den einfachsten körperlichen Notwendigkeiten befasst, lässt sich der gebildete Geist nicht einfach abschalten. Selbst wenn man unter schwerer Notdurft zur Toilette hastet, nimmt man eines immer mit: seinen persönlichen Bildungsgrad inklusive akademischem Titel und elaboriertem Sprachcode. Weil manche Verrichtungen etwas länger dauern, kann der kultivierte Mensch auf der Toilette unter Umständen in eine Krisensituation geraten: Es fehlt an der nötigen Anregung, das furchtbare Gespenst der Langeweile droht. Wie kann man Abhilfe schaffen?

BUCH ODER SMARTPHONE?

Wann in unserem zunehmend beschleunigten Leben gelingt es dem geplagten Zeitgenossen, innezuhalten, seine Gedanken zu ordnen oder sogar zu meditieren? Jeder von uns hätte mehrfach am Tag die Gelegenheit zur inneren Einkehr, woran dieses Kapitel erinnern soll. Eine andere Möglichkeit ist es, den Akt der Entsorgung kulturell aufzuwerten, wenn man denn schon mal bequem und entspannt auf seinem Hintern sitzt, etwa durch Lektüre. Hier findet sich ein deutlicher Vorteil der westlichen Toilette – der asiatische Osten hat es nicht so bequem … Japanische Hocktoiletten sind so angeordnet, dass gegen die Wand starrt, wer sie benutzt. Immerhin haben sie einige Vorteile: Der Kontakt zwischen Klobrille und der Haut des Besuchers wird vermieden, Bakterien haben keine Chance. Das Hockklo ist leichter zu reinigen und niemand verbringt länger als ein paar

Minuten darin – Gelegenheit zur Kontemplation bietet diese Variante der Toilette wohl kaum. Meditatives Zeitunglesen oder gar die Nutzung einer erlesenen Klobibliothek ist in Japan und vielen anderen Ländern wegen der Hocktoiletten unmöglich, vom Rauchen bei der Entsorgung ganz zu schweigen. Ganz anders sieht es auf deutschen Toiletten aus.

1965: das Klo ist noch wüst und leer

Das Bedürfnis nach Kultur auf dem Klo ist in den 1960er-Jahren noch nicht bis in das kollektive Bewusstsein vorgedrungen. Zu Hause hat der Intellektuelle seine eigene kleine Toilettenbibliothek, aber auf dem fremden Klo leidet sein wacher Verstand unter eklatantem Mangel an Lesefutter. Voller Verzweiflung liest der Toilettengast alles, was er in die Finger kriegen kann: die Schilder auf den zerkleinerten Kleidungsstücken, die noch immer mancherorts das Klopapier ersetzen, die Aufdrucke auf den Sanitärreinigerflaschen und Waschmittelkartons, alte Einkaufszettel, die er in seiner eigenen Hosentasche findet …

1985: paradiesische Zustände

Zahllose unterhaltende Druckwerke, vom Comic über den Cartoonband aus dem Verlag mit der Fliege über Lore-Romane und Science-Fiction von Perry Rhodan bis zum Taschenbuch und vieles mehr – das alles hat den Weg in die Klobibliothek gefunden.

2014: Ohne Buch kein Klobesuch?

Das Angebot ist groß: 52 Prozent aller deutschen Toilettenbesucher lesen. Aber die Tendenz ist fallend. Schon 36 Prozent nutzen ihr Smartphone. Tendenz: steigend! So sah es 2014 aus …

2020: Mandy pinkelt nur mit Handy

Eine Umfrage unter 1000 Mobiltelefonbenutzern ergab, dass 80 Prozent der Befragten ihr Handy regelmäßig mit aufs Klo nehmen. In der Gruppe der 25 bis 44 Jahre alten Teilnehmer waren es sogar 87 Prozent. Den Rekord halten die Frauen: 31 Prozent der Toilettenbesucherinnen haben ihr Smartphone immer dabei, hingegen nur 16 Prozent aller Männer.

Privatsache?

Während die Mobiltelefone zu Hause also auch auf dem Klo intensiv genutzt werden, gibt es wohl Hemmungen, im Berufsleben genauso zu handeln. Auf die Firmentoilette begleitet das Smartphone nur 7 Prozent der Befragten. Texten, surfen, telefonieren – das alles passiert auf deutschen Toiletten. Man kommuniziert in sozialen Netzwerken, checkt Angebote im Netz und 10 Prozent der Befragten telefonieren regelmäßig von der Schüssel aus. Ein Viertel der Befragten gab sogar an, schon einmal Teilnehmer bei einem Telefon-Meeting gewesen zu sein – während es unten herum schwer abging …

Big Brother auf dem Klo?

Das Heftpflaster auf der eingebauten Kamera im Notebook ist mittlerweile deutscher Standard. *Huch, es könnte mich ja jemand beobachten!* Dieselbe Angst betrifft wohl auch das Smartphone: Nur 4 Prozent der Frauen und 5 Prozent der Männer trauen sich, die Handykamera auf der Toilette einzuschalten – aus Angst, irgendwer könnte sich irgendwie ins Smartphone *hacken* und ihnen bei der Verrichtung zuschauen …

Einkaufsbummel gegen die Langeweile

Offenbar finden Bundesbürger den Gang zur Toilette langweilig, denn Langeweile geben 50 Prozent als Grund an, das Smartphone mitzunehmen. Ein Drittel der Befragten will die »tote Zeit« auf dem Klo sinnvoll nutzen. Zum Beispiel zum Einkaufen: In Sachen Konsum auf dem Klo sind die Männer führend – 17 Prozent shoppen online, während die Dinge ihren Lauf nehmen. Bei den Frauen sind es nur 13 Prozent. Die besten Klo-Shopper sollen Männer zwischen 25 und 35 Jahren sein.

Klopuristen ohne Buch oder Handy

22 Prozent der deutschen Toilettenbesucher hängen auf der Toilette gelegentlich ihren Träumen nach, während 6 Prozent aller Toilettenbesucher dort rauchen. Immerhin 3 Prozent singen.

VON GEFÜHLVOLL BIS PRIMITIV: KLOSPRÜCHE

Eigentlich gab es sie schon immer, aber mit der Studentenbewegung der 1960er-Jahre kam eine neue, »intelligentere« Spielart dieser Sprachmeisterwerke in Mode. Sie bezogen sich wohl zuerst auf das Klo und die damit verbundenen Tätigkeiten, eroberten aber bald andere, völlig unsanitäre Themengebiete von Erotik über Politik bis Nonsens. Es folgen ein paar Beispiele.

Sprüche aus der sanitären Urzeit

Du suchst hier Witze an der Wand?
Den größten hältst du in der Hand!

Der Morgenschiss kommt ganz gewiss,
und wenn's am späten Abend ist.

Wie man hier reinfurzt, so schallt es hinaus.

Fünf Minuten scheißt der Hund, ein guter Deutscher scheißt 'ne Stund'.

Nicht alles, was stinkt, ist Chemie.

Der letzte Tropfen fällt nicht weit vom Stamm.

Durchfall gärt am längsten.

Langweilig? Sie haben einen Filzstift dabei? Falls Sie Vorlagen für einen zünftigen Klospruch an der Wand der Toilette brauchen, in der Sie gerade Ihren Geschäften nachgehen, oder falls Sie Ihre eigene Toilette unterhaltsamer gestalten wollen – bitte schön!

In Winkeln ist gut pinkeln.

Piss nicht daneben, altes Schwein,
der Nächste könnte barfuß sein!

Eigenlob stinkt, aber hier riecht's auch nicht nach Flieder.

Zum Reisen braucht man Schuhe,
zum Scheißen braucht man Ruhe.

Der wichtigste und schönste Ort auf Erden ist stets der Abort.

Tritt näher heran, er ist kürzer, als du denkst.

Und hängt der Tropfen noch so lose,
der letzte geht doch in die Hose.

Salomon der Weise auf dem Klo?

Auch dieses kurze Po-em beeindruckte und beeindruckt so manchen Gast auf einer Wirtshaustoilette oder an einem sonstigen öffentlichen Abort. Dokumentieren wir hier, was sonst in Vergessenheit geraten könnte:

Salomon der Weise spricht:
Laute Fürze stinken nicht,
aber die so leise zischen
und so still dem Arsch entwischen,
Mensch, vor denen hüte dich,
denn die stinken fürchterlich.

Klosprüche, die neue Generation

Es folgen ein paar neumodischere Beispiele, ideal für die Toilettenwand in der Kneipe:

Wenn der Knecht zum Waldrand hetzt,
war das Plumpsklo schon besetzt.

Ich stinke, also bin ich.

Nicht alles, was Backen hat, ist ein Gesicht.

Am Befehlston knapp und kurz erkennt man den Kasernenfurz.

Auf diesem Klo da sitzt ein Geist, der jedem, der zu lange scheißt,
von unten in die Eier beißt. Mich hat der Geist noch
nie gebissen, ich habe immer schnell geschissen.

Erich hat den Längsten.

Hab Sonne im Herzen und Zwiebeln im Bauch, dann kannst du gut furzen und Luft kriegst du auch.

Ist der Arsch auch noch so breit, passt er doch ins Dirndlkleid.

Klowände streichen ist wie Bücher verbrennen.

Liebe geht durch den Magen, Pils durch die Blase.

Der Furz erfüllte seinen Zweck: In der Hose ist ein Fleck.

Ein schlechtes Gewissen stört nicht beim Pissen!

Es stinkt aus den Aborten, es wird Frühling allerorten!

Millionen Fliegen können sich nicht irren: Esst mehr Scheiße!

Friedrich der Große macht sich in die Hose, Friedrich der Kleine macht sie wieder reine!

Das »Volkslied« zum Thema

Volkslieder sind zwar für die meisten von uns aus der Mode gekommen, aber passend zum Themenkreis Toilette existiert ein sehr überlebensfähiges »Volkslied«, das in gewissen, meist leicht angeheiterten Teilen der Bevölkerung immer wieder für schallendes Gelächter sorgt. Die Anzahl seiner Strophen strebt gegen unendlich, weil es jedem Sänger freisteht, eigene hinzuzufügen. Hier einige Klassiker:

Scheiße in der Lampenschale
ergibt gedämpftes Licht im Saale.

Scheiße in der Badehose
gibt im Schwimmbad braune Sauce.

Scheiße auf der Kirchturmspitze
sieht schlecht aus und stinkt bei Hitze.

Scheiße in der Kuchenform
verändert den Geschmack enorm.

Scheiße im Kanonenrohr
kommt zum Glück nur selten vor.

Scheiße, in die Luft geschossen,
gibt bei Regen Sommersprossen.

Scheiße auf dem Sofakissen
lässt Gemütlichkeit vermissen.

Scheiße auf dem Tellerrand
wird als Senf nicht anerkannt.

Die riesenhafte Anzahl der Strophen macht es nötig, einen Augenblick innezuhalten und Luft zu schnappen – um dann einen zweiten Blick auf dieses lyrische Großwerk zu werfen. Nun folgen ein paar weitere Zweizeiler, die Ihnen das Leben auf dem Klo erleichtern sollen. Wenn Sie dieses Lied tatsächlich singen wollen – der Refrain lautet »heladi ladi lo«.

Scheiße im Trompetenrohr
heladi ladi lo
gibt Sommersprossen für den Chor.
heladi ladi lo

Scheiße am Verkäuferkittel
ist kein gutes Werbemittel.

Scheiße auf der Kirchturmspitze
fällt dem Pfarrer auf die Mütze.

Scheiße in der Aktentasche
schützt vor Stoß die Thermosflasche.

EIN DENKMAL UND DAS KLO AUF DER BÜHNE

Manche Aspekte der menschlichen Existenz wurden in der Vergangenheit aus falsch verstandener Pietät aus dem Kulturleben ausgeklammert, und oft waren es die primären Seinselemente. Dass das christliche Abendland in Sachen Sex nicht alle auf der Latte hatte, ist bekannt. Der Klerus bumste sich durch die Weltgeschichte, verbot aber dem gewöhnlichen Untertanen eine freizügige Sexualität. In Sachen Verdauung und fäkaler Entsorgung herrschte im Unterschied dazu über lange Jahrhunderte verständnisvolle Offenheit – noch Martin Luther werden deftige Sprüche nachgesagt: »Warum rülpset und furzet ihr nicht …«

Dem Pinkeln ein Denkmal

Schon seit 1619 pinkelt die Brunnenfigur Manneken Pis in Brüssels Innenstadt, in der es fatalerweise nur eine einzige öffentliche Toilette geben soll. Die 61 Zentimeter hohe Figur des Brüsseler Bildhauers Jérôme Duquesnoy wurde bereits mehrfach gestohlen oder schwer beschädigt, deshalb steht dort heute eine Kopie aus dem Jahre 1965 anstelle des Originals. Inzwischen ist *le petit Julien*, wie er auch genannt wird, nicht mehr allein: 1985 wurde ihm als weibliches Pendant die 50 Zentimeter hohe Figur der in der Hocke pinkelnden Jeanneke Pis zur Seite gestellt oder genauer gesagt: Auch sie ist in Brüssel zu finden, doch liegen zwischen den beiden Skulpturen gute 1,4 Kilometer – sie konnten zueinander nicht kommen, wie traurig. Als Dritte im Bunde wurde 1998 die Bronzeskulptur eines an einen Pfahl pinkelnden Hundes, *Zinneken Pis* genannt, ganz in der Nähe der beiden anderen Figuren aufgestellt. *Zinneke* bedeutet im Brüsseler Dialekt so viel wie »räudiger Straßenköter«.

Die Toilette auf und hinter der Bühne

Edmond de Goncourts Drama *La Fille Élisa* wurde, inszeniert von André Antoine, am 14. Dezember 1890 in Paris uraufgeführt. Das Stück handelt vom Leben im Milieu der Straßendirnen. Der erste Akt des Stücks spielt in einem Hotelzimmer – mit Toilette. Heute ist Derartiges weder unvorstellbar noch eine Provokation. Doch das ist noch nicht lange so: Noch 1953 verbot Lord Chamberlain das Geräusch einer Toilettenspülung hinter der Bühne bei einer Aufführung von Graham Greenes *Der letzte Raum* (Original: *The Living Room*).

Hauptrolle WC: Toiletten im Film

Die Toilette spielt in vielen Filmen wenn nicht die Hauptrolle, so doch einen interessanten Nebenpart.

- Das erste Klo im Hollywood-Film ist in Alfred Hitchcocks Horrorfilm *Psycho* zu sehen – immerhin eines mit Spülung.
- In Luis Buñuels surrealistischem Meisterwerk *Das Gespenst*

der Freiheit zieht man sich zum Essen ins stille Kämmerlein zurück, während man in Gesellschaft fröhlich alles hinter sich lässt, was der Körper entbehren kann.

- In *Jurassic Park* frisst ein Dinosaurier sein armes Opfer direkt vom Klo weg.
- In *Die Goonies* katapultiert der Wasserdruck des WCs einen Typen im roten Trainingsanzug gegen die Decke.
- Das Klo in *Trainspotting* schreibt Filmgeschichte: Ewan McGregor stürzt sich todesmutig hinein.
- Aber auch die Klassiker haben einiges zu bieten. In Regisseur Marco Ferreris filmischem Meisterwerk *Das große Fressen* explodieren die Toilettenanlagen.

KLO SKURRIL

Hinter mancher Tür verbirgt sich Außergewöhnliches und Unerwartetes – sogar hinter Klotüren. Dabei ist es schon erstaunlich, dass an einem so alltäglichen und banalen Ort Begegnungen mit dem Außergewöhnlichen, dem Sonder- und dem Wunderbaren stattfinden können.

ÜBERRASCHUNGEN UND REINFÄLLE

Hier geht es um ganz persönliche Abstürze, Spitzenereignisse der Ungeschicklichkeit, die aber leider jedem von uns zustoßen können, und zwar sowohl von oben nach unten wie auch von unten nach oben …

Abenteuer unter Wasser

An kaum einem anderen Ort sind Smartphones so gefährdet: 23 Prozent der Befragten bei einer Umfrage gaben an, dass ihr Gerät schon einmal auf Tauchstation gegangen ist – schlicht und einfach in die Schüssel gefallen. Vor allem Frauen zwischen 18 und 24 Jahren verloren ihr Telefon auf diese Weise. Ratschläge zur Rettung des aus der Schüssel gefischten Kommunikationshelfers gibt es ohne Zahl, die meisten haben mit einem Beutel und ungekochtem Reis zu tun; es sind aber auch Varianten über eine Behandlung im Backofen bei 75 °C (Umluft) im Umlauf. Wenn Sie das Handy im Klo unappetitlich finden und Sie Ihren Handyunfall hygienischer gestalten wollen: Waschen Sie es doch einfach mit! 17 Prozent aller Handykatastrophen finden in der Waschmaschine statt, vermutlich im Schleudergang. Gegenmaßnahmen? Telefon in der wasserdichten Outdoor-Version kaufen!

Sanitärer Höhenflug

Nun zu einer urbanen Klolegende – wie bereits angesprochen – von unten nach oben: Ein US-amerikanischer Maler und Anstreicher reinigte nach getaner Arbeit seine Pinsel und goss die dazu verwendete Nitroverdünnung ins Klo. Dann setzte er sich darauf nieder, um sich der verdauten Reste der Mittagspause zu entledigen. Ohne Zigarette ging nichts. Der Mann rauchte, seilte mehrere schöne Würste ab und warf dann die brennende Kippe zwischen seinen nackten Beinen hindurch ins Klo. Eine gewaltige Explosion schleuderte ihn, die zerstörten Reste der Sanitärkeramik und all seine Hinterlassenschaften gegen die Decke der Kammer, in einigen übertriebenen Versionen der Geschichte sogar durch diese hindurch … Der Maler wurde schwer verletzt in eine Klinik eingeliefert.

Ein schwerwiegender Reinfall

Als in England einer älteren Dame das Gebiss in die Toilette fiel und weggespült wurde, setzte sie Himmel und Hölle in Bewegung, um ihre Zähne wiederzubekommen. Sie brauchte ihre Dritten, also machte sie sich auf den Weg zum örtlichen Klärwerk und fragte nach, ob man da nicht etwas gefunden habe. Man hatte – nicht eines, sondern sogar zwölf Gebisse hatten die Mitarbeiter aus dem Wasser gefischt. Nach anfänglicher Freude kam für die Seniorin allerdings die Ernüchterung: Das ihre war nicht dabei.

Wasserdichte Uhren und Klosetttieftaucher

Als die wasserdichten Uhren aufkamen, spotteten diejenigen, die keine hatten oder haben wollten, über deren stolze Besitzer. Die Standardfrage lautete lange Zeit: »Wasserdichte Uhr? Bist du denn Klosetttieftaucher?« Dabei eignen sich Toiletten kaum für den Test einer wasserdichten Uhr. Die mit dem schlechtesten Standard halten immerhin einer Wassersäule von 30 Metern stand, die besten widerstehen 200 Meter Wassersäule oder 20 bar Druck. In welcher Toilette sollte man das testen können?

Ein besonderer Reinfall

Ein junger Mann in England erwartete am 30. März 2017 ein Paket. Das kam auch an, nur war – kein Einzelfall – der Empfänger nicht zu Hause. Kurz entschlossen warf der Paketbote das Paket durch ein Fenster, das offen stand. Was er nicht wusste und auch nicht vermutete, aber etwas später dann dennoch bemerkte: Es war das Klofenster. Die Sendung landete in der Toilette. Der Empfänger war verwundert, nahm aber auch die humoristische Komponente der Situation wahr und machte Fotos, die er ins Internet stellte. Man muss dazusagen, dass der Flug in die Schüssel dem Paket kaum geschadet hat. Es war so dimensioniert, dass es nicht mit dem Wasser in der Kloschüssel in Berührung kam.

Das Urinal des Kaisers

Einen merkwürdigen Fund machte der Unterwasserarchäologe Reinhard Öser in der Ostsee: das Urinal von Kaiser Wilhelm II. Er entdeckte es 28 Seemeilen vor Rügen in 50 Meter Wassertiefe. Dort muss es über die letzten 100 Jahre gelegen haben, denn der Kreuzer »Undine«, an dessen Bord es sich befand, wurde im Jahre 1915 von britischen Kriegsschiffen versenkt, 45 Seeleute kamen ums Leben. Kaiser Wilhelm II. war nicht an Bord, aber er hatte an der Jungfernfahrt des Schiffes teilgenommen. Neben der für seinen kaiserlichen Urin bestimmten Sanitärkeramik fand sich auch die Badewanne des Monarchen.

Alles Gute kommt von oben?

Nicht ins Wasser, aber von oben herab auf die Wiese eines Hausbesitzers in Süddeutschland fiel ein Brocken Eis mit ungewöhnlichen Eigenschaften. So ungewöhnlich, dass der Mann an ein Geschenk aus dem All glaubte, als er auf dem Rasen seines Gartens einen grünlich-blau schimmernden, aromatisch duftenden Eisklotz fand. Da er eine kosmische Herkunft vermutete, konservierte er das unerwartete Präsent in der heimischen Tiefkühltruhe und suchte am nächsten Tag ein wissenschaftliches Institut in der Nähe auf. Dort traf er seinen Nachbarn, der einen ähnlichen, aber weitaus größeren Eisklotz bei sich trug, welcher sein Dach durchschlagen und das darunter liegende Schlafzimmer verwüstet hatte. Nähere Untersuchungen ergaben, dass es sich um gefrorene Toilettenflüssigkeit handelte, die ein Flugzeug in großer Höhe abgelassen hatte. Die Wissenschaftler fanden noch mehr heraus: Farbe und Aroma wiesen eindeutig auf asiatische Pinkelsteine hin …

UNTERWEGS AUFS KLO?

Die Verbindung zwischen der Heimat und dem eigenen Abort wurde bereits anderen Ortes angesprochen. Sie begründet eine besondere Art von Heimweh, der Wunsch nach dem eigenen Klo ist offenbar eine der grundlegenden menschlichen Eigenschaften. Jeder von uns kennt das Gefühl der Erleichterung, wenn man nach einer außerordentlichen Expedition mit kräftigem Drang nach Hause kommt, weil man unterwegs nicht so recht konnte oder wollte. Was für ein Segen, dass man nun auf der eigenen Klobrille entspannen und sich erleichtern kann! Dieser ganz persönliche Thron im eigenen Badezimmer – genau das ist der K(n)ackpunkt!

Irgendwann sagte sich aber irgendwer: Da sollte es doch Überbrückungsmaßnahmen und Hilfen für das kleine Bedürfnis zwischendurch geben …

Die ersten mobilen Toiletten

Sie sind dem Schiffsbau geschuldet. In den 1940er-Jahren arbeiteten an der amerikanischen Ostküste zahlreiche Menschen in den Werften. Das Geschäft ging gut, mit den Geschäften gab es Probleme. Es gab einfach nicht genug Toiletten, die Wege dorthin waren zu lang, und einmal angekommen musste sich der Werftarbeiter in eine Schlange einreihen und warten, warten … Das missfiel nicht nur den Arbeitgebern. Abhilfe schuf die Idee eines einfallsreichen Unternehmers, der mobile Toiletten aufstellte. Die Arbeiter waren begeistert von dieser Erleichterung bei der Erleichterung und nannten die neuen Häuschen »John«, wie einen guten Freund und Vertrauten. Manche ließen sich sogar mit John fotografieren.

Das Klo in der Tasche

Der Besuch öffentlicher Veranstaltungen wird oft zur Horrorvorstellung: stinkende und schmutzige Toiletten, vor denen man auch noch Schlange stehen muss. Das muss nicht sein! Denn es gibt das Entsorgungssystem für unterwegs: Es ist immer dabei – das Taschenklo.

Ladybag® entlastet Frauen im Stau, beim Camping, bei der Bahnreise oder dem Open-Air-Konzert. Die praktische Einwegtoilette ist klein und handlich (nur so groß wie eine Tafel Schokolade) und nimmt damit nicht viel Platz in der Handtasche weg. Sie ist sofort einsatzbereit, mit stabilem Handgriff, dazu auch noch sicher und hygienisch durch den Superabsorber, ein feinkörniges Spezialgranulat. Selbst eine volle Blase kann das Taschenklo nicht schocken, das auch nach dem Gebrauch frei von Gerüchen ist. Frau tut es im Stehen, Sitzen oder in der Hocke und kann danach auch noch das beiliegende Erfrischungstuch für die Hände nutzen. Allerdings eignet sich das praktische Einweg-WC nur für das kleine Geschäft.

Gleichberechtigung? Das Taschen-WC für Männer heißt Roadbag®. Die Fragen »Wo gibt es das stille Örtchen zum Wasserlassen?« und »Wohin soll es fließen?« erübrigen sich. Ob im Stau, im Stadion, auf dem Festival, beim Camping oder hoch oben im Segelflugzeug: Die praktische Einwegtoilette für Männer ist überall bereit, stets handlich, sicher, hygienisch und bequem. Auch hier: Der Superabsorber, das Spezialgranulat im Inneren, macht aus Urin ein festes Gel. Nichts tropft, nichts riecht, nichts ist peinlich. Und wieder gibt es ein Erfrischungstuch für die Hände dazu.

Doppelte Befreiung

Was muss es für ein großartiges Gefühl der Befreiung gewesen sein, am 9. November 1989 nach der Maueröffnung gegen Honeckers antifaschistischen Schutzwall zu pinkeln! Offenbar war das vielen DDR-Bürgern ein Bedürfnis, und die Hemmungen, sich in der Öffentlichkeit zu erleichtern, verschwanden spurlos im Überschwang kollektiver Einigkeit. Wer dieses schöne Gefühl heute noch einmal genießen will, kann das ohne Weiteres tun, allerdings nicht in Berlin: In Las Vegas/USA befindet sich im Main Street Station Casino ein Stück der Berliner Mauer. An diesem Fragment der *Berlin Wall* sind Urinale montiert, die jederMann frei benutzen kann. Ist das nicht für jeden Deutschen irgendwie – heimatverbunden?

TOILETTEN, SPORTLICH

Extrembügeln und Käserollen, High Heels Run und Gummistiefelweitwurf, Nacktrugby und Frauentragen – warum sollte das scheinbar unstillbare Bedürfnis der Menschheit nach seltsamen Sportarten ausgerechnet vor der Toilette haltmachen? Zwar sind Weitpinkeln und Zielpinkeln noch keine olympische Disziplin, aber wir können uns sicher sein, dass motivierte Athleten daran arbeiten, das zu ändern.

Marathon als Toilette

Den schnellsten Marathon als Toilette verkleidet lief der Brite Marcus Mumford 2014 beim Virgin Money London Marathon in 2 Stunden, 57 Minuten und 28 Sekunden.

Umwerfen von Toilettenhäuschen

Wer wirft am schnellsten zehn mobile Toiletten um? Den Rekord in dieser Disziplin erkämpfte sich Philipp Reiche am 22. Juni 2013 in einer TV-Show. Im Europa-Park in Rust brauchte er nur 11,3 Sekunden für diese herausragende Kulturleistung.

Headcrash auf Toilettendeckel

Andere setzen sich mit dem Hinterteil darauf, der Amerikaner Kevin Shelley zerbrach sie am 1. September 2007 mit dem Kopf – er schaffte insgesamt 46 WC-Deckel aus Holz in 60 Sekunden. Ein Weltrekord, den so schnell keiner übertreffen wird, dachte damals vielleicht das Publikum. Irrtum! Der Hamburger Kampfsportler Thomas Teige schaffte 2010 insgesamt 50 stabile Fichtenholzdeckel in einer einzigen Minute. Die *Morgenpost* ernannte ihn daraufhin zum Klodeckel-Terminator.

Voll durch die Brille

Am 25. Mai 2010 zwängte İlker Çevik (Türkei) seinen Körper in nur 28,14 Sekunden dreimal durch eine WC-Brille. Bei anderer Gelegenheit durchquerte er eine WC-Brille neunmal in einer einzigen Minute.

Ausgefallene Sportart

In den USA, und zwar in East Dublin im Bundesstaat Georgia, finden Wettkämpfe im Toilettensitz-Weitwurf statt. Bei den Summer Redneck Games treten Athleten in verschiedenen kuriosen Sportarten gegeneinander an, darunter Bauchplatscher in roten Schlamm, Wet-T-Shirt-Ringkämpfe (natürlich nur für Frauen) oder Tauchen nach Schweinsfüßen. Was die Toilettensitze angeht, so müssen sie ähnlich wie beim Ringwerfen auf dem Jahrmarkt, über ein bestimmtes Ziel geworfen werden.

EIN GRIFF INS KLO – SPRACHE RUND UM DIE SCHÜSSEL

So sehr wir uns in manchen Lebensbereichen bemühen, auszuklammern, was wir für anrüchig halten, so sehr nutzen wir die sprachliche Urkraft in fäkalen Zusammenhängen, um unserer Kommunikation in Redewendungen und scherzhaften Formulierungen den nötigen Nachdruck zu verleihen. Power aus der Sickergrube – hier ein paar Beispiele:

- Am Arsch vorbei – benutzt, wenn etwas auf völliges Desinteresse stößt.
- Da kannst du einen drauf lassen – hier ist es das Gegenteil: Die Bedeutung einer Sache oder eines Themas soll mit ein paar Darmgasen hervorgehoben werden.
- Das große Latrinum – abwertender kann man kaum einem Altphilologen sagen, was man von akademischer Bildung hält.
- Den Arsch offen haben – nicht ganz bei Verstand sein; sogar Martin Walser nutzt dieses Idiom.
- Kacke am Dampfen – eine drastische Umschreibung für frischen Ärger.

- Der Arsch auf Grundeis – aus kollektiven winterlichen Erfahrungen mit Eis führenden Strömen entstanden, werden hier Urängste benannt.
- Der Griff ins Klo – die drastische Umschreibung des Scheiterns einer Aktion, die desillusionierende Erkenntnis, dass alles Engagement zu nichts Gutem geführt hat.
- Die Arschgeige – ein sehr rätselhaftes Schimpfwort, kraftvoll durch die Nähe zur menschlichen Verdauung, aber in keinerlei Beziehung zu einem Musikinstrument …
- Die Arschkarte ziehen – etwas Schlimmeres kann dem Fußballer nicht geschehen; die rote Karte des Schiedsrichters kommt nicht von Herzen, sondern aus der Gesäßtasche …
- Leck mich am Arsch! Seit Götz von Berlichingen (»Er aber, sag's ihm, er kann mich im Arsche lecken!«) der Klassiker aller Schimpfwörter mit Analkomponente.

DIE KOLLEKTIVE KAKOPHONIE

Wir sind nicht allein. Alle Lebewesen dieser Erde schmettern den gewaltigen Chorus der Verdauung, sind Teil des ökologischen Systems unseres Planeten, befeuern seinen Energiehaushalt und stimmen damit ein in die majestätische Kakophonie des Lebens …

WAS IM TIERREICH HINTEN ABGEHT

Menschliche Leistungen übertreffen in der Regel die aus dem Tierreich, doch das gilt nicht für das in diesem Buch behandelte Gebiet. Im Gegensatz zu manchen tierischen Mitbewohnern produzieren die Menschen sehr kleine Würstchen.

Die größten Haufen

Mit mehr als 30 Kilogramm produziert ein Elefant die größten einzelnen Kothaufen – allerdings nur unter den größten aller an Land lebenden Tiere. Der Blauwal, selbst bis zu 30 Meter lang, übertrifft die rückseitigen Leistungen des Elefanten deutlich. Seine »Würste« sind bis zu 25 Zentimeter dick und mehrere Meter lang, allerdings von sehr lockerer Konsistenz.

Würste in Rosa

Blauwale fressen nur den im Meerwasser schwebenden Krill, kleine Krustentiere, unter anderem auch Unmengen von Shrimps.

Wegen ihrer Ernährung haben ihre Ausscheidungsprodukte eine Farbe zwischen Rosa und Orange. Praktischerweise lösen sie sich sofort im Meerwasser auf und verteilen sich als feiner Düngerregen im Oberflächenwasser, wo sie wiederum vielen Tierarten als Nahrung dienen.

Der größte Stinker im Tierreich

Diesen Titel könnte der Orang-Utan tragen, nämlich dann, wenn er die ihrerseits ziemlich übel riechenden Durianfrüchte gefressen hat. Diese urtümlichen Stachelfrüchte eines Baumes, pro Stück zwischen 2 und 6 Kilo schwer, sollen auch Menschen ausgezeichnet schmecken, aber ihr Gestank, der irgendwo zwischen faulen Eiern und Harzer Käse liegt, kann ganz schön abstoßend wirken. Deshalb dürfen sie in Südostasien nicht in öffentlichen Gebäuden verzehrt werden, ja man darf sie nicht einmal dorthin mitnehmen. Außerdem gilt ein Flugverbot für diese Früchte: Die regionalen Fluglinien weigern sich, Passagiere mit Durianfrüchten zu befördern. Wenn nun aber die Menschenaffen diese Frucht, die für ihre einzigartigen geschmacklichen Aromen berühmt ist, verzehren und verdauen, so ist das, was hinten herauskommt, noch um Potenzen aromatischer als der Geruch der Frucht selbst. Auch Elefanten, Tiger, Affen und Zibetkatzen sind ganz wild auf diesen stinkenden Leckerbissen.

Klo überflüssig

In ihrem sehr kurzen Leben als Imago (fertig ausgebildetes Insekt) geht es bei den verschiedenen Eintagsfliegenarten ausschließlich um Sex. Sie müssen sich in ihrer kurzen Lebensspanne zwischen wenigen Minuten und mehreren Tagen um nichts anderes kümmern als um ihre Vermehrung. Deshalb fressen sie nichts und produzieren daher auch keinerlei Ausscheidungen. Das Fressen und Verdauen erledigen sie in ihrem Vorleben als Larve.

Ein Leben im großen Haufen

In Fledermaushöhlen stinkt es zum Himmel: Der Boden einer solchen Höhle ist mit reichlich Fledermausmist bedeckt, denn bei jedem ihrer Ausflüge erbeuten und verdauen die zahllosen Fledermäuse Insekten in ungeheuren Mengen. Vielerorts hat sich, genährt von nichts weiter als Fledermauskacke, ein eigenes Ökosystem entwickelt, zu dem neben Mistkäfern, Milben, Asseln, Kakerlaken und anderen Insektenarten auch größere Tiere wie Kröten und Eidechsen gehören.

Wombats kacken Würfel

In der Tat, die niedlichen Beuteltiere hinterlassen ihren Kot in Würfelform und deponieren jeden einzelnen Würfel gut sichtbar in ihrer Umgebung – jeden Tag etwa 80 bis 100 Stück. Zur Formung dieser ungewöhnlichen Ausscheidungen nutzen sie ihre überaus beweglichen Darmwände. Warum sie das tun, wusste man lange nicht. Schließlich fanden Wissenschaftler heraus, dass sie auf diese Weise zum einen ihr Revier abgrenzen, zum anderen mit ihren Artgenossen über den Duft kommunizieren.

Die Insel des großen Gestanks

Laysan, eine Insel der Hawaii-Gruppe in einem glasklaren tropischen Meer, ist eine Guano-Insel – kein Urlaubsort: Ein infernalischer Gestank schreckt jeden Touristen ab. Guano nennt man den Stoff, der entsteht, wenn die Hinterlassenschaften von Seevögeln auf Kalkstein treffen. An der richtigen Stelle – viele Vögel, viel zu fressen – entstehen meterdicke Schichten. Guano ist ein Phosphorlieferant und damit ein wertvoller Dünger, wurde ab dem 18. Jahrhundert abgebaut, weltweit gehandelt und in der Landwirtschaft genutzt.

Die größten Düngerproduzenten

Viele Arten von Seevögeln wie Pinguine und Kormorane produzieren – wenn auch eher so nebenher – den begehrten Stoff Guano. Besonders effektiv tut das ein sehr großer Vogel, der Guanokormoran *(Phalacrocorax bougainvillii)*. Das bis zu 75 Zentimeter große Tier, verbreitet an der westlichen Küste von Peru, hinterlässt richtig viel … nennen wir es einmal pastösen Guano-Grundstoff.

Ein anderer Vogel, der Humboldt-Pinguin, lebt sozusagen im Haus der Exkremente. Er versteht es, die Guanoschichten auf unerwartete Weise sozusagen architektonisch zu nutzen, denn er baut seine Nisthöhlen hinein und errichtet so quasi sein Haus im Haufen.

Katzen kacken Kaffee

Das seltsame und wertvolle Getränk heißt Kopi Luwak, Katzen-Kaffee. Seine Bohnen haben den Verdauungstrakt eines Fleckenmusangs, einer Schleichkatzenart, passiert, bevor sie in den Handel und später in die Tasse gekommen sind. Von Versuchen mit heimischen Bohnen und einer Hauskatze raten wir ab.

Mancher Kaffeeliebhaber wollte seinen Kaffee besonders wild – deshalb sammelte man in Indonesien die von den Schleichkatzen ausgeschiedenen Kaffeebohnen in freier Wildbahn ein. Dieser spezielle Kaffee erzielte als Produkt für Feinschmecker astronomische Preise. Heute wird Kopi Luwak meist künstlich mit Enzymen aus dem Darmtrakt besagter Schleichkatzen hergestellt. Noch immer werden aber auch Tiere für die Produktion dieses besonderen Kaffees in Käfigen gehalten.

Die magischen 21 Sekunden

Eine US-Studie im Zoo von Atlanta fand heraus: Viele Säugetierarten pinkeln ziemlich genau gleich lang. Dabei spielt die Größe der Tiere keine Rolle, wenn ihr Körpergewicht über 3 Kilogramm beträgt. Von der Katze über die Ziege bis zum Elefanten – immer läuft und tröpfelt es rund 21 Sekunden, bis die Blase entleert ist. Für diese bahnbrechende Erkenntnis erhielt das Team vom Georgia Institute of Technology in Atlanta den satirischen Ig-Nobelpreis in der Sparte Physik (*Ig* steht für *ignoble* = »unwürdig«). Erstaunlich sind diese Ergebnisse schon, fasst doch die Blase eines Elefanten bis zu 18 Liter Urin und ist damit 3600-mal so groß wie die einer Katze. Beim Elefanten rauschen bei einer vollständigen Entleerung 0,5 Liter pro Sekunde aus dem Harnleiter, bei der Katze sind es nur 0,00024 Liter pro Sekunde. Die genannten Tierarten pinkeln übrigens fünf- bis sechsmal am Tag – auch das ist ein Forschungsergebnis.

Toiletten für Haustiere

Der finnische Flughafenbetreiber Finavia hat am Airport Helsinki-Vantaa Toilettenbereiche für Haustiere und Assistenzhunde. Auf dem größten Flughafen Finnlands gibt es jetzt *pet relief areas*, Haustier-Erleichterungszonen. Eine davon – mit Kunstrasen und Pinkelbaum – befindet sich draußen, eine andere innerhalb des Flughafengebäudes. Nach Auskunft des Flughafenbetreibers passieren jährlich mehr als 10 000 Hunde den Flughafen.

Im Reich der ungewöhnlichen Verdauung

Es folgen ein paar interessante Fakten zur Verdauung und Ausscheidung unserer tierischen Kumpane:

- Krokodile fressen Steine, um besser tauchen zu können. Vermutlich werden sie durch den Verdauungsprozess wieder ausgeschieden. Auch Strauße schlucken Steine, die ihnen bei der Verdauung helfen.
- Der Grottenolm kann zehn Jahre ohne Nahrung auskommen und hat in diesem Zeitraum auch entsprechend geringe Hinterlassenschaften. Bärtierchen schaffen das ebenfalls und sogar noch länger.
- Wombats brauchen 14 Tage für die Verdauung, verwenden aber keine Abführmittel.
- Auch bei den Riesenschlangen dauert es bis zu mehreren Wochen, bis sie die Rückstände der großen Brocken – ganze Tiere am Stück – wieder loswerden.
- Kühe erzeugen beim Wiederkäuen an einem einzigen Tag bis zu 150 Liter Speichel, um ihre Nahrung zu durchfeuchten. Das erklärt auch die Konsistenz der manchmal reichlich flüssigen Kuhfladen.
- Sehr nahrhaft ist die Milch des Blauwalweibchens. Ihre Babys nehmen an einem einzigen Tag bis zu 90 Kilogramm zu – bei nur geringen Rückständen, die ausgeschieden werden müssen.
- Spitzmäuse brauchen spätestens alle drei Stunden Nahrung.

Entsprechend häufig und umfänglich hinterlassen sie ihre Häufchen. Es stimmt aber nicht, dass Spitzmauskot giftig ist. Zwar produzieren einige Spitzmausarten in ihrer Unterkieferspeicheldrüse ein Gift (was sehr selten ist bei Säugetieren), doch ihr Kot soll nicht giftig sein.

- Vögel haben einen extrem hohen Kalorienverbrauch und entleeren sich auch im Flug. Da Kot und Urin sich in der sogenannten Kloake sammeln, kann man in freier Natur ziemlich flüssige Überraschungen von oben erleben.

WIR RETTEN DIE WELT – AUF DEM KLO

Sie alle sind in Gefahr: die größten Stinker im Tierreich, die mit den größten Haufen und die anderen, die Kaffeebohnen veredeln und Würfel kacken – weil die Gattung Homo Sapiens (der weise, verstehende, gescheite, kluge oder vernünftige Mensch, wie er sich selbst nennt) nicht wirklich mit dem Planeten umzugehen weiß, den wir uns mit allen Lebewesen teilen müssen. Ziele müssen erreicht werden, Kohlendioxid eingespart, Müll vermieden, alternative Energien aus Wind und Sonne gewonnen, aber an eine großartige Möglichkeit denken noch immer nicht viele:

Retten wir die Welt doch auf dem Klo!

Unsere Ausscheidungen, welche die meisten von uns am liebsten schnell und sauber herunterspülen würden, sind ein wertvoller Rohstoff, mehr noch, ein bisher weitgehend ungenutzter Schatz.

- Enorme Mengen Biogas könnten erzeugt werden, die die Verwendung von fossilen Brennstoffen wie Holz und Kohle in vielen Gebieten der Erde überflüssig machen könnten.
- Die Gewinnung von Naturdünger bietet großartige Möglichkeiten: Jeder Mensch scheidet pro Jahr 4,5 Kilogramm Stickstoff und 548 Gramm Phosphor als Kot und Urin aus – wertvolle Nährstoffe für das Pflanzenwachstum, die immer noch einfach heruntergespült werden.
- Mit der Hilfe von Bakterien ließe sich aus Kot so viel Biogas herstellen, dass Millionen Haushalte mit Energie versorgt werden könnten, eine Chance vor allem für die sogenannten Entwicklungsländer.
- Forscher errechneten, dass sich gerade dort, wo es noch keine Toiletten gibt, über das Einsammeln von Kot elektrische Energie für zehn bis 18 Millionen Haushalte herstellen ließe und dass in Form getrockneter Reststoffe 4,5 bis 8,5 Millionen Tonnen Brennstoff etwa mit der Qualität von Kohle übrig blieben.
- Als Brennstoff enthalten die Rückstände aus der Biogasgewinnung noch immer rund 25 Megajoule pro Kilogramm – ähnlich viel wie Holzkohle oder Steinkohle.
- Erste Projekte laufen in afrikanischen Ländern. Komposttoiletten und die dezentrale Gewinnung von Biogas für Schulen stellen einen Anfang dar.

KLOPROMINENZ

So sehr sie auch bewundert werden – sie atmen dieselbe Luft wie wir, trinken dasselbe Wasser und essen dieselben Speisen. Auch wenn sie in den Vorstellungen ihrer Fans die verzehrten Lebensmittel vielleicht sublimieren und in reines Charisma umwandeln – am Ende des Tages sitzen sie alle wie wir gewöhnlichen Menschen auf der Brille …

POPSTARS ALS POOPSTARS

Oben rein, unten wieder raus – in kaum einem anderen Bereich kann man auf so eindeutige Art und Weise feststellen: Alter, das Idol, das ich so sehr verehre, ist ein Mensch genau wie ich!

Empfindlicher Hintern?

Während sich andere Popstars durch immer neue Brillen im Gesicht auszeichnen, verlangt Madonna an jedem Ort, an dem sie auftritt, nicht nur nach einer neuen Klobrille, sondern gleich nach einem brandneuen Klo.

Linker Extremist?

Manche Fußballer haben eigentümliche Pinkelgewohnheiten. Mario Gómez zum Beispiel pinkelt immer in das Pissoir ganz links, wie er in einem Interview verriet.

Der richtige Zeitpunkt

Der Heiratsantrag von Tony Blair kam in einer ungewöhnlichen Situation zustande: Seine Liebe des Lebens, Cherie, putzte gerade die Toilette. Die Rechtsanwältin und Hausfrau fand das ungeheuer romantisch und nahm den Antrag an.

Wasser sparen!

Cameron Diaz spart Wasser. Sie spült nur, wenn es sein muss: »Ich folge dem Spruch: Wenn es gelb ist, lass es sein. Wenn es braun ist, spül es runter!«, verriet sie ihren Fans in der Talkshow von Jay Leno.

Luxus pur

Für einen luxuriösen Sanitärbereich sorgten Kanye West und Kim Kardashian, denn zu einer Luxusvilla gehört ein Luxusklo. Preis: umgerechnet über 560 000 Euro.

Inspiration

Paul McCartney schätzt das Klo als besonders kreativen Ort. So sieht es auch Mariah Carey; sie verdankt dieser stillen Inspirationsquelle die Idee zu ihrem Song »Hero«.

Nichts als Ärger

In Nachbarschaftsstreit geriet Musiker und Friedensnobelpreisträger Bob Dylan wegen eines mobilen Klohäuschens auf seinem Grundstück. Probleme ähnlicher Art musste Rockstar Lenny Kravitz lösen; eine verstopfte Toilette kostete ihn die stolze Summe von 333 850 US-Dollar.

Japan-Klo

Sänger und Schauspieler Will Smith setzt auf asiatische Hochtechnologie. Schon seit Jahren geht sein japanischer WC-Deckel automatisch auf und die Klobrille erwärmt sich, wenn sie ein prominentes (oder gewöhnliches) Hinterteil spürt.

Pooperazzi

Hollywoodstar Shia LaBeouf, bekannt aus zahlreichen Filmen unter anderen der *Transformers*-Reihe, bringt seine Kreativität auch auf Klodeckel – zur Entspannung. Er bemalt sie mit Mustern und Slogans (»Pooperazzi«) und verkauft seine Werke dann auf Flohmärkten. Auch er mag es übrigens heiß unterm Hintern – er hat einen Klositz mit beheizbarer Brille.

Gefahr aus der Tiefe?

Shootingstar Rita Ora plagen Ängste vor Toiletten, genauer gesagt: vor dem, was drinstecken könnte. Sie vermutet Gefahren von unten: »Ich habe immer das Gefühl, wenn ich auf die Toilette gehe, dass da etwas herausspringen kann«, offenbarte sie in einem Interview mit der britischen Zeitung *The Sun*.

Tschüss, Schamgrenzen!

Halle Berry, Miley Cyrus, Kaley Cuoco, Emilia Clarke und viele andere folgen einem neuen Fototrend auf Instagram: Kloporträts, zum Teil offenbar aufwendig inszeniert. Auf dem Foto von Halle Berry steht auf ihrer ganz privaten Toilette ein Glas Rotwein neben dem heruntergelassenen Höschen. Miley Cyrus zieht ein Selfie mit Toilettenpapierdekoration vor und Emilia Clarke zeigt sich ohne »Game« auf ihrem ganz persönlichen »Throne«.

Frank, der Kloklassiker

Bei dieser Gelegenheit wird es Zeit, den Urgroßvater aller Klofotografien zu ehren, ein Bild von Rockstar Frank Zappa. Sein anarchistisches Kloporträt von 1967, aufgenommen von dem britischen Fotografen Robert Davidson im Badezimmer eines Londoner Hotels, zierte als Poster die Wände endlos vieler Wohngemeinschaften der 1970er- und 1980er-Jahre und wird heute in Museen ausgestellt.

POLITIKER SANITÄR

Eigentlich versuchen sie ja, den Eindruck zu vermeiden, sie seien normale Menschen, aber hin und wieder kommt es doch heraus: Auch die Führungselite muss mal! Und wir gewöhnlichen Menschen sind brennend daran interessiert, was da abläuft …

Werbeträger

Das Werbeplakat zur Markteinführung der französischen Satirezeitung *Charlie Hebdo* in Deutschland zeigt Bundeskanzlerin Angela Merkel lesend auf der Toilette mit der Textzeile: »*Charlie Hebdo* wirkt befreiend.«

Sicherheitsbedürfnis

Wladimir Putin verblüffte am 9.12.2019 auf einer Konferenz mit Macron und Merkel im Pariser Élysée-Palast die übrigen Teilnehmer und die Weltpresse mit einem eindrucksvollen Toilettenbesuch. Den mächtigen Mann aus Moskau begleiteten sechs Leibwächter. Jetzt fragt man sich kollektiv, gegen welche Gefahren er sich wohl schützen wollte.

Gefangen

Grünen-Politiker Matthias Oomen, ehemals als Lobbyist des Fahrgastverbandes Pro Bahn tätig, reiste mit der Bahn von Dresden nach Berlin. Irgendwann zog es ihn in die stille Kabine. Die Entleerung gelang wohl, doch als er auszusteigen wünschte, blockierte die Tür der Toilette. Er rief nicht etwa um Hilfe, um lokale Unterstützung zu finden, sondern twitterte. Seine Nachricht erreichte die Bahn, die twitterte zurück und schickte die Feuerwehr.

Klo kriminell

Der Hausmeister überführte den Dieb: War es tatsächlich wirtschaftliche Not, die den Linken-Politiker Frank-Michael John, Mitglied im Kreisvorstand der Linken in Stralsund/Mecklenburg-Vorpommern, 2011 dazu brachte, im Rathaus 200 Klopapierrollen zu klauen? Der Hausmeister und ein Helfer erwischten ihn in flagranti. Möglicherweise war es eine Gesinnungstat, denn genau dieser Politiker forderte im Namen seiner Partei: »Der Kapitalismus als Gesellschaftsform hat ausgedient, denn er zerstört Mensch und Natur.«

Live vom Klo

Bei der Podiumsveranstaltung »Die Suche nach der Zukunft« in Stuttgart lieferte Linkspartei-Politiker Gregor Gysi allen Teilnehmern der Veranstaltung eine ganz besondere Audio-Show. Grund dafür war eine Technikpanne: Mitten im Geschehen verließ Gysi das Podium und machte sich auf die Suche nach einer Toilette. An sich kein Problem, hätte der Tontechniker nicht geschlafen. Der ließ nämlich Gysis angestecktes Mikrofon offen, der Ton wurde live übertragen. Originalton Gysi backstage: »Ist hier unten irgendwo 'ne Toilette?« Antwort eines Mitarbeiters: »Toilette? Hier an der Wand entlang rechts.« Kurz darauf hörte man Pinkelgeräusche …

Koks im Reichstag

Offenbar stimmen deutsche Abgeordnete im Reichstag immer wieder über schärfere Drogengesetze ab, praktizieren selbst aber so manche Ausnahme von der reinen Lehre nach dem Motto: Wasser predigen, Wein saufen. Als im Jahr 2000 die Toiletten im Reichstag auf Spuren von Kokain untersucht wurden, wurde man schnell fündig. In 22 von 28 Toiletten des Reichstages fanden sich deutliche Drogenrückstände, drei der »cleanen« Toiletten wurden ausschließlich von Besuchern genutzt.

GLEICH NEBENAN ...

Sehen wir das Badezimmer einmal als den Ort, an dem sich die Toilette befindet, schenken wir diesem in jeder Wohnung vorhandenen Zimmer unsere Aufmerksamkeit und beobachten auf den folgenden Seiten genau, was sich dort sonst noch so abspielt …

EIN BLICK IN KLEOPATRAS BADEZIMMER

Was stand eigentlich bei der schönheitsbewussten Ägypterin auf dem Regal vor dem Spiegel – und hatte sie überhaupt einen? Ja, allerdings war er nicht aus Glas, sondern meist aus poliertem Metall, und er war häufig auch nicht an der Wand angebracht, sondern wurde in der Hand gehalten.

Caesars Untertanen: gepflegt schon vor 2000 Jahren

Nicht nur Kleopatra, auch die Bürgerinnen Roms legten viel Wert auf ihr Äußeres, das belegt eine Vielzahl von archäologischen Funden eindeutig. Behälter für Öle, Cremes und Salben, Parfümflaschen, Haarnadeln und Kämme gehören heute zu den Ausstellungsstücken in den Museen. Auch glatte Haut war geschätzt: Enthaart wurde mit einer Pinzette oder bei großflächiger Anwendung mit Leinenstoff und Harz – was sicherlich genauso schmerzhaft war wie einige der heutigen Verfahren.

Der Dichter und die Schönheit

Der römische Dichter Ovid (34 v. Chr. bis 17 n. Chr.) wusste: »Sorgfalt macht das Gesicht erst schön.« Ihm verdankt die Forschung Rezepte für die Herstellung von Salben und Hautcremes, die er in seinem Gedicht *Medicamina faciei feminae* (deutsch: Die Mittel der weiblichen Gesichtspflege) für immer festhielt. Über das Enthaaren schrieb Ovid in seinem Lehrgedicht *Ars amandi* (deutsch: Liebeskunst): »Lasst den Geruch des trotzigen Bockes nicht unter die Achselhöhlen kommen und die Beine nicht von borstigen Härchen rau sein.«

Gut riechen unter der Sphinx

Im nordafrikanischen Klima hatten die alten Ägypter sicher ein ausgeprägtes Problem, das heute mit Pumpspray oder Deoroller bekämpft wird: Körpergeruch. Was tun, wenn noch 2000 Jahre bis zur Eröffnung der ersten Drogeriekette mit derartigen Frischeprodukten vergehen müssen? Abwarten? Keinesfalls. Man nimmt, was verfügbar ist. Von dem Wunsch getrieben, gut zu riechen, rieben die Herren und Damen im Reich am Nil die fein gemahlenen Früchte des Johannisbrotbaums in die vom Schweiß gefährdeten Körperregionen ein. Zitrusöl und Zimt verstärkten die Wirkung. Der einfache Bauer auf dem Lande, Fellache genannt, konnte von dieser Möglichkeit keinen Gebrauch machen.

Naturmaterialien: seit zwei Jahrtausenden angesagt

Der körperbewusste Ägypter und die schöne Ägypterin verfügten bereits über ein ganzes Arsenal von Kosmetika, der Zeit entsprechend völlig ohne chemische Zusätze hergestellt. Die Reinigungsmilch im Land der Pyramiden bestand aus Limonenöl, Gänsefett war die Trägersubstanz für viele Salben und Pasten. Ocker färbte die Lippen, Zutaten wie Honig, Blütenessenzen, Wein oder Beeren waren Bestandteile von Duftmischungen. Für einen guten Sitz der Haare sorgten Harze und Bienenwachs – sicher keine Mittel, die einen lockeren Fall der Frisur begünstigten. Gefärbt wurde der Schopf mit Mischungen zum Beispiel aus Öl und Ochsenblut oder Beeren. So natürlich sie waren, manche Ingredienzien kann man nicht als ungefährlich bezeichnen: Für Puder und Lidschatten wurde neben gemahlenem Azurit und Malachit auch Bleiweiß genutzt, von der Belastung durch das Schwermetall wusste man nichts. Der Gesundheit zuträglicher war eine Mischung aus Öl und Ruß für den Brauenstrich und die noch heute beliebten *Smokey Eyes.*

Die Großmutter des Kosmetikkoffers

In der *capsa*, einem kleinen Behälter für Kosmetika, trug die schönheitsbewusste Römerin ihre Utensilien bei sich, auch wenn sie zur Villa auf dem Lande unterwegs war. Da es keine Konservierungsstoffe im heutigen Sinne gab und in weiten Teilen des Römischen Reiches damals wie heute Mittelmeerklima herrschte, waren Tinkturen, Cremes, Salben und Öle immer in Gefahr »umzukippen«. Gefäße aus Blei oder Alabaster sollten vor der oft großen Hitze schützen.

Leisten konnten sich derartigen Luxus nur wohlhabende Damen und Prostituierte – Letztere schon von Berufs wegen. Für die durchschnittliche Bürgerin Roms oder gar die Einwohnerin eines Ortes in den Provinzen blieb er unerreichbar.

DIE GESCHICHTE DER ZAHNBÜRSTE

Die Zahnbürste ist zwar keine Erfindung der jüngeren Neuzeit, fand aber erst im 20. Jahrhundert nennenswerte Verbreitung. Die ältere Geschichte der Zahnpflege in den Jahrtausenden und Jahrhunderten zuvor wurde ohne sie geschrieben.

Zahnpflege gestern

Aus der Zeit 3000 Jahre v. Chr. stammen Kaustöcke, die der Zahnpflege dienten. Man kaute so lange auf einem dünnen Ast aus frischem Holz herum, bis die Fasern als eine Art Bürste dienen konnten. In Chinas Kaiserreich hatten die Zahnpflegegeräte noch eher die Form eines Pinsels, eine Bauform, die auch im Europa jener Tage bevorzugt wurde. Als Borsten verwendete man Tierhaare, zum Beispiel vom Pferd. Sie waren allerdings wenig verbreitet. Der gewöhnliche Mensch nutzte einen Lappen oder einen Schwamm, um seine Zähne zu reinigen – sofern er überhaupt das Bedürfnis verspürte.

Die Zahnbürste als Privileg

Die Zahnbürste in der heutigen Form soll aus dem 18. Jahrhundert stammen und blieb dann über viele Jahrzehnte ein Privileg der wohlhabenden höheren Stände. Erst die Möglichkeit einer Massenfertigung aus Plastikmaterial mit Nylonborsten im 20. Jahrhundert machte den Siegeszug und eine allgemein bessere Zahngesundheit möglich.

Ein Leben ohne Zahnpasta?

Für saubere Zähne ist Zahnpasta zwar gut, aber nicht dringend nötig. Die Römer hatten noch keine – sie reinigten ihre Zähne mit einem Pulver, dem *dentifricium*, was nichts anderes bedeutet als »Mittel zum Abreiben der Zähne«. Es bestand aus pulverisierter Knochenasche, gemahlenen Muschelschalen, Bimsmehl, Natron und weiteren Bestandteilen. Für das richtige Aroma sorgte manchmal Myrrhe. Auch Meersalz war im Laufe der langen Geschichte im Einsatz für saubere Zähne.

»Modernes« Zahnpulver

Die Mischung aus dem 19. Jahrhundert enthielt Marmor, Bimsmehl oder sogar gemahlene Ziegel. Zu den Bestandteilen zählten außerdem von Fall zu Fall Eierschalen, die Schalen von Austern und anderen Muscheln, Holzkohle und so exotische Dinge wie die Schulpe von Tintenfischen – das sind die weißen Innenskelette, die auch in manchem Vogelkäfig zum Schärfen der Schnäbel dienen. Auf den Markt kamen Zahnpulver in Papiertüten oder in Dosen. Mit einem nassen Finger holte man sich die nötige Dosis und verstrich sie auf der Bürste oder im Mund. Danach wurde fleißig gebürstet, später ausgespült.

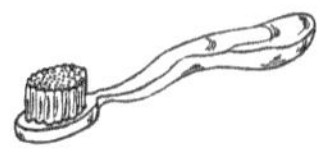

Seife im Mund?

Neben dem Zahnpulver gab es im 19. Jahrhundert auch sogenannte Zahnseife. Dieses Gemisch war ein Seifenklotz, auf dem mit der feuchten Zahnbürste Schaum erzeugt wurde, der anschließend im Mund seinen Reinigungsdienst versah. Das schmeckte tatsächlich nach Seife und dürfte kein großer Erfolg gewesen sein. Andere Hersteller lieferten dünnflüssige Zahnseife in kleinen Fläschchen, aber die mussten heftig geschüttelt werden, weil sich die darin enthaltenen Schleifmittel immer am Boden der Flasche absetzten. Ob Zahnpulver oder Zahnseife – gegen den unangenehmen Geschmack der Mischungen halfen Zutaten wie Menthol, Pfefferminzöl oder Honig, wobei Letzterer durch seinen Zuckergehalt den Putzerfolg sicher geschmälert hat. Sinnvoller waren entzündungshemmende Kräuter wie Salbei oder Gewürznelken in Form von Nelkenöl, die noch heute Anwendung finden. Rote Farbstoffe waren beliebt, weil sie Lippen und Zahnfleisch kräftig färbten und gesund aussehen ließen.

In die Tube damit!

Die erste Zahnpasta kam 1850 auf den Markt, aber sie war ein Produkt mit besonderen Tücken. Weder in Blech- noch in Keramikdosen noch in Stanniоltüten blieb sie lange frisch. Sie trocknete schnell ein und wurde dadurch unbrauchbar. Dann kam der Durchbruch: 1887 verkaufte der Chemieunternehmer Carl Sarg in Wien Zahnpasta in Tuben, der gleiche Mann, der die durchsichtige Glyzerinseife erfunden hatte. Die Idee hatte Erfolg, die Tube und die erste Zahnpasta namens Kalodont setzten sich durch. Konkurrenzprodukte wie Colgate und Chlorodont folgten Anfang des 20. Jahrhunderts und fanden ihre Marktnische. Mit Zahnpulver war von diesem Zeitpunkt an kein Geld mehr zu verdienen.

Da wird ja die Paste in der Tube verrückt

Im Laufe der Entwicklung kamen die seltsamsten Inhaltsstoffe in Zahnpastarezepturen zum Einsatz. Der Gebrauch von Kokain erscheint noch ganz einsichtig, weil es schmerzstillend wirkte. Besonders männliche Kunden fühlten sich von Produkten der Geschmacksrichtung Scotch, Bourbon oder Rum angesprochen, während Zahnpasta mit einer gewissen Menge an Rotwein, Amaretto, Rosé oder Champagner auf die trinkfreudige Dame zielte. Irgendwie kontraproduktiv wirkte Zahnpasta mit Schokoladengeschmack – danach fühlte man sich vermutlich nicht sauber, sondern so, als ob man genascht hätte. Deutlich neutraler, aber keineswegs alltäglicher waren die Geschmacksrichtungen Grüner Tee, Kürbispudding und Curry, über die Sammler historischer Zahnpastatuben berichten. Ja, Zahnpasta wird mittlerweile sogar gesammelt.

Strahlende Zähne

Mit der Entdeckung der Radioaktivität kamen die wildesten Gerüchte über deren Wirkung auf. Man versuchte, Krankheiten mit den rätselhaften Strahlen zu behandeln, und noch heute glaubt mancher Lungenkranke, im Uranstollen Linderung zu verspüren. Die Begeisterung schlug auch auf die Zahnpasta durch. Radioaktive Inhaltsstoffe sollten krankes Gewebe erneuern. Was da allerdings neu in Mündern gewachsen ist, darüber schweigen die Hersteller sich aus. Kaum weniger schädlich dürfte heutige Lifestyle-Zahnpasta »mit Diamantenextrakt« sein, denn bei regelmäßiger Benutzung wird der Zahnschmelz sicherlich Opfer des härteren Minerals. Ebenfalls zu haben: Chili-Zahnpasta. Deren feurige Schärfe regt die Durchblutung des Zahnfleisches an.

VON DER WASCHSCHÜSSEL ZUR NASSZELLE

Nicht immer floss das Wasser in unserer geschichtlichen Vergangenheit einfach so aus der Wand, und wer Reinlichkeit anstrebte, musste einige Arbeiten und Strapazen auf sich nehmen. Auch war es sinnvoll, mit dem wenigen vorhandenen Wasser sparsam umzugehen.

Die Zeiten der Waschschüssel

Kaum vorstellbar für die jüngere Generation: Die morgendliche Reinigung erledigte man mithilfe eines sogenannten Waschgeschirrs, das im Schlafzimmer stand. Das bestand aus einer großen Schüssel aus Steingut oder Porzellan und einer Kanne mit Wasser. Seife und ein Handtuch lagen daneben auf einer Waschkommode, oft ein Möbelstück mit Spiegel. Das Badezimmer, wie wir es heute kennen, erübrigte sich dadurch – es ist eine Erfindung der Neuzeit und wurde erst in der zweiten Hälfte des 20. Jahrhunderts zum Standard in Neubauten. 1906 hatten zum Beispiel nur 3,8 Prozent aller Wohnungen in Kopenhagen ein eigenes Badezimmer. In diesem Jahr eröffnete auch das »Hotel Ritz« in London und lockte seine Gäste mit einer großartigen Neuerung: Zu jeder Suite gehörte ein Badezimmer.

Das Bad in der Küche

Was tat die Familie, als es noch kein Badezimmer in der Wohnung gab und man sich nicht nur waschen, sondern richtig baden wollte? Man wählte im Regelfall die Küche als provisorisches Badehaus, erhitzte das Badewasser umständlich auf dem Herd und nutzte dann Zinkwanne, Holzbottich oder Waschzuber – Gefäße von enormer Größe. Allein die Vorbereitung konnte einige Zeit in Anspruch nehmen. Ein Badetag – meist einmal die Woche – war also mit erheblichem Aufwand verbunden. Außerdem füllten sich die Küche und weite Teile der Wohnung mit warmen und feuchten Nebelschwaden. Und – heute für viele unvorstellbar – das Badewasser wurde von mehreren Personen nacheinander genutzt. Es gab eine regelrechte Badehierarchie: erst der Vater, dann die Mutter, dann die Kinder. Manche Familienmitglieder zogen es vor, sich in sogenannten Volksbädern zu reinigen.

Auf dem Weg zur Nasszelle

Nach dem Krieg wurde alles besser. Mit den Siedlungsneubauten in Westdeutschland zu Beginn der 1950er-Jahre wurden hohe hygienische Standards auch für den Durchschnittsbürger erschwinglich. Zuvor war ein Badezimmer in Haus oder Wohnung wohlhabenden Kreisen vorbehalten. Die neuen Wohnungen hatten zwar eine relativ kleine Grundfläche zwischen 50 und 70 Quadratmetern und waren, wenn auch nicht verschwenderisch, so doch nach den damals modernen Standards ausgestattet. Sie besaßen eine entscheidende Neuerung und zugleich einen neuen Luxus: die Nasszelle. Die Architekten dieser Tage planten eigens ein kleines beheizbares Zimmer mit fließendem Wasser, einem leistungsfähigen Badeofen oder Boiler, einer Wanne und einem Anschluss an die Kanalisation ein – keine Selbstverständlichkeiten Mitte des 20. Jahrhunderts. Die Familien, die eine solche Wohnung beziehen durften, waren begeistert. Heute ist der frühere Luxus längst Standard, hinzugekommen sind beheizbarer Toilettensitz, Bidet, Sauna, Whirlpool ... um nur einige der neuen Bequemlichkeiten zu nennen.

DIE FINSTERE VERGANGENHEIT

Die Vorstellungen darüber, was sauber und was schmutzig zu nennen sei, variierten im Laufe der Menschheitsgeschichte deutlich. Zwischen dem 6. und dem 15. Jahrhundert, also in einer Zeit, die man gemeinhin als das finstere Mittelalter bezeichnet, mangelte es nicht nur an Licht in den eher dunklen Wohnräumen. Wegen der allgemein verbreiteten niedrigen Sauberkeitsstandards könnte man für diese Periode auch die Umschreibung »das stinkende Mittelalter« gebrauchen. Auch in den Jahrzehnten und Jahrhunderten danach war Hygiene noch eine seltene Erscheinung.

Unreinliche Zeiten

Unsere Vorfahren vor einigen Jahrhunderten verbrachten nicht viel Zeit mit der Körperreinigung. Badezimmer mit fließendem Wasser gab es nicht einmal in Schlössern. Die großen Infektionskrankheiten der Zeit um das Jahr 1400 – Pest, Cholera und Pocken – verursachten einen fatalen Fehlschluss: Aus Angst, sich dort anzustecken, besuchten die Menschen öffentliche Badehäuser immer seltener. Besonders im 15. und 16. Jahrhundert, der Renaissance, mangelte es überall an Reinlichkeit. Am saubersten dürften noch einfache Menschen auf dem Land gelebt haben. Anders der Adel: Statt sich zu waschen, nutzten besonders die höheren Stände allerlei Duftwässer und Parfüms, damit sie sich gegenseitig noch riechen konnten. Um selbst immer und überall von einem angenehmen Duft umgeben zu sein, parfümierten sie sogar ihre Fächer.

Das Parfüm als Medikament

Der Alchimist und Apotheker Francesco Tombarelli eröffnete im Jahr 1580 in Grasse/Frankreich ein Laboratorium zur Herstellung von Duftsubstanzen und wurde damit zum Gründervater der europäischen Parfümindustrie. Duftwasser zu benutzen galt lange Zeit als Privileg der Oberschicht. Dies änderte sich, als im Jahr 1709 der Chemiker Nicolas Lémery zwischen dem königlichen und dem bürgerlichen Parfüm unterschied. Die Aristokraten nutzten Parfüm, um gut zu duften, für die gewöhnlichen Menschen sollte es als eine Art Desinfektionsmittel dienen. Dahinter steckt die Vermutung, man könne mit Duftstoffen die Luft reinigen. Man lebte in diesen Tagen in dem Glauben, Räucherwerk, Aromen, Düfte und eben auch Parfüm seien gut für Körper und Geist und eine wichtige Waffe gegen den größten Schrecken jener Tage: die Pest.

Anspruchsvolle Aufmachung

Zu Zeiten des Rokoko – von 1730 bis 1780 – betrieben vor allem die Damen einen enormen kosmetischen Aufwand. Noch immer hatte Schönheit nichts mit Reinlichkeit zu tun, aber für den ganz großen Auftritt in der Abendgesellschaft verbrachte manche Frau in höherer sozialer Stellung viele Stunden vor dem Spiegel. Der stand allerdings nicht in einem Badezimmer, wie wir es heute kennen – gründliches Waschen war überflüssig und wurde außerdem für ungesund gehalten. Allenfalls nach dem Gang zur Toilette befeuchtete man sich die Hände mit etwas Wasser. Gegen die sicherlich drastische Geruchsentwicklung halfen starke Parfüms in schweren Duftnoten.

WAS ÜBER DAS BADEZIMMER NOCH ZU SAGEN WÄRE

Kaum ein Zimmer in der Wohnung kommt den Bewohnern so alltäglich vor wie das Badezimmer, und dennoch übersieht man leicht, dass es ein paar Geheimnisse verbirgt, die sich erst bei genauerem Hinschauen bemerken lassen.

Vorsicht, Unfallschwerpunkt!

Das Bad gehört nicht zu den sichersten Orten der Wohnung. Unfälle durch Stürze auf nasse Kacheln, durch liegen gelassene

Handtücher oder glitschige Seifen- oder Shampooreste führen zu Prellungen, Knochenbrüchen oder offenen Wunden. Sie können sogar tödlich enden, wenn zum Beispiel jemand mit dem Kopf gegen den Badewannenrand prallt. Ein weiterer Gefahrenpunkt: Kreislaufprobleme unter der Dusche, zum Beispiel durch zu hohe Wassertemperatur. Haltegriffe oder Antirutschmatten helfen in einem solchen Fall auch nur wenig.

Nicht zu vergessen sind die Gefahren durch Strom im Bad – sei es durch eine schlechte Elektroinstallation oder durch ein unsachgemäß gebrauchtes Gerät wie einen Fön. Wenn Strom und Wasser miteinander in Kontakt kommen, kann dies einem Menschen leicht zum Verhängnis werden.

Geheimes Leben im Bad

Wer glaubt, sein Badezimmer allein zu nutzen, ist im Irrtum. In vielen Badezimmern gibt es Gäste, die die Eigentümer der Wohnung oder des Hauses nicht eingeladen haben. Diese Gäste blicken auf eine endlos lange Vergangenheit zurück, es gibt sie schon seit ungefähr 300 Millionen Jahren auf der Erde. Sie heißen Silberfischchen *(Lepisma saccharina)* und mögen die Wärme und die feuchte Luft im Bad. Tagsüber trifft man sie nicht, aber wenn man abends ins Bad geht und das Licht einschaltet, sieht man sie über den Kachelboden flitzen, zurück ins Dunkle. Silberfischchen sind flügellose Insekten, und ihr Name beschreibt ihr Aussehen. Was tun diese Tierchen in einer so lebensfeindlichen Umgebung und wovon leben sie? An anderen Orten mögen sie

Zucker und Stärke, und wenn man sie in der Küche findet, heißen sie deshalb auch Zuckergast. Wenn keine Süßigkeiten zu holen sind, fressen sie alles, was sie stattdessen finden. Im Bad sind sie in der Hauptsache Menschenfresser. Sie leben unter anderem von den Hautschuppen, die sie in den Ritzen der Kacheln finden. Ein bisschen nützlich machen sie sich auch, denn auch Haus- und Staubmilben stehen auf ihrem Speiseplan. Außerdem übertragen sie keine Krankheiten.

Wer sie trotzdem loswerden möchte, muss nicht den Teufel mit Beelzebub austreiben und ihre natürlichen Feinde – Spinnen und Ohrwürmer – ansiedeln. Das Bad gut lüften und nicht zu stark heizen genügt. Ein Tipp für eine Silberfischchenfalle: eine durchgeschnittene Kartoffel auf ein Blatt Papier legen, eine Nacht warten. Am nächsten Morgen finden sich vermutlich etliche der Insekten unter der Kartoffel und können entfernt werden.

Aus der Mode gekommen: Badesalz

Einfach nur Wasser in die Wanne füllen? Da können Sie mehr tun. Basische Badesalze leisten ganz bequem in Ihrer Badewanne das, was die Menschen im Altertum durch Bäder in Salzseen und heißen Quellen erreichten: eine Entsäuerung des Körpers. Der basische pH-Wert des Badewassers sorgt dafür, dass die Haut zur Entsäuerung angeregt wird und die Säuren über die Haut ausgeschieden werden können. Baden in basischem Wasser wirkt der Übersäuerung des Körpers entgegen, in der viele die Ursache für gesundheitliche Probleme sehen. Zugleich wirkt sich ein solches Bad positiv auf Hauterkrankungen wie Neurodermitis aus.

Badesalze können aber noch viel mehr: Sie machen das Wasser weicher. Salze aus natürlichen Heilquellen haben vielfältige gesundheitliche Wirkungen, ganz nach Herkunft. Alle Badesalze geben dem Badenden ein Gefühl von Leichtigkeit, denn wie im salzigen Toten Meer bekommt der Körper mehr Auftrieb. Ist im Badesalz Phosphat enthalten, reinigt dies die Haut und sie fühlt sich nach dem Bad an wie nach einem Peeling. Das versprechen zumindest die Befürworter von solchen Badezusätzen in der Werbung. Wie konnte man je ohne Badesalz baden?

Das zweite Leben der alten Wanne

Das Bad ist renoviert, alles ist auf dem neuesten Stand. Übrig bleibt, neben Bauschutt, auch eine alte Badewanne, vielleicht aus Gusseisen mit Emailüberzug und Klauenfüßen – eigentlich eine Antiquität oder ein Museumsstück. Etliche von ihnen wanderten nicht auf die Müllkippe, sondern traten ihren Dienst in einem neuen Aufgabenbereich an: als Tiertränke auf der Weide zum Beispiel oder als Sportgerät. Sofort steht die Frage im Raum: als Sportgerät? Für welche Sportart denn? Man nehme einen nicht zu wilden Fluss, eine abgedichtete Wanne und paddle los. Es gibt sogar Wettbewerbe. In Leipzig findet das internationale Badewannenrennen »Régates de Baquet« statt, es gilt als die traditionsreichste Veranstaltung in dieser Sportart.

ODE AN DIE GUMMIENTE

Wie konnten wir ohne Ente leben? Es steht außer Frage: Heute ist die gefüllte Badewanne das natürliche Biotop des Quietscheentchens, einer quietschenden und außerdem quietschgelben Entenfigur aus elastischem Kunststoff. Obwohl sie eigentlich nur ein Spielzeug ist, entwickelt sie beachtliches Eigenleben.

Glücksgefühle durch eine Ente

Mit den Fingern zusammengedrückt, quietscht die Gummiente lustig oder stößt unter Wasser blubbernde Luftblasen aus, was im menschlichen Gehirn den *Nucleus accumbens* reizt, einen wichtigen Teil des Belohnungssystems, Erinnerungen an die Kindheit weckt und zu lang anhaltenden Glücksgefühlen führt. Lange Jahrtausende mussten Menschen ohne Quietscheentchen auskommen. Trotz bombastischer öffentlicher Badehäuser zum Beispiel im alten Rom blieb nach dem Bad ein schaler Geschmack bei dem oder der Badenden zurück, und das lag sicher nicht nur an der Wasserqualität. Wäre die Badeente früher erfunden worden, spräche man heute auch nicht vom finsteren Mittelalter, denn lautes Kinderlachen aus den Waschzubern jener Tage würde aus den fernen Jahrhunderten zu uns herüberklingen.

Wie kam die Ente in die Wanne?

Populär wurde das unverzichtbare Gummitier in unseren Breiten in den 1970er-Jahren durch die vom NDR ausgestrahlte Kinderserie *Sesamstraße*, die offenbar vor allem dem Zweck diente, der Gummientenverbreitung in ganz Mitteleuropa und Nordamerika Vorschub zu leisten. Verdient um die allgemeine Akzeptanz der Gummiente machte sich auch der Vogelkundler Vicco von Bülow, der sein Pseudonym Loriot allerdings von einem anderen Vogel bezog, dem Pirol. Was hat Loriot mit dem Pirol zu tun? Das fragt sich jetzt sicher mancher. *Loriot* ist – neben *Oriole* – eine französische Bezeichnung für genau diesen Vogel, den Pirol. Dass heute die Ente und nicht etwa ein Gummipirol in unseren Wannen badet, verdanken wir dem historischen Zusammentreffen der Herren Müller-Lüdenscheidt und Dr. Klöbner, da Ersterer mit dem epochalen Satz »Also lassen Sie die Ente in Gottes Namen herein!« das Plastiktier ins kollektive Bewusstsein und in jedwede Wanne brachte. Heute sind sie überall, und das größte Exemplar, geschaffen von dem niederländischen Konzeptkünstler Florentijn Hofman, war volle 16,50 Meter hoch, bis ihm die Luft ausging.

Von großem Nutzen nicht nur in der Wanne

Wenn beim Bad in der Wanne eine Gummiente auf der Oberfläche dümpelt, zaubert dies manchem Badenden ein Lächeln ins Gesicht. »Was für ein niedliches Spielzeug!«, möchte man ausrufen. Dabei handelt es sich bei der Gummiente um eine wichtige Mitarbeiterin der Wissenschaft, für den Ozeanografen unverzichtbar. Das kam so: Im Jahr 1992 sank nämlich, vermutlich unter rätselhaften Umständen, ein Frachter aus Hongkong, der sich auf dem Weg in die USA befand, weit entfernt von seinem Ziel im Ostpazifik. Gut 29 000 Spielzeugtiere aus Plastik stürzten in Containern in die Fluten, unter ihnen zahlreiche Quietscheentchen, nach Meinung von führenden Wissenschaftlern die eigentlichen Verursacher des Untergangs. Die freiheitsliebenden Tiere könnten das Schiff zum Kentern gebracht haben und kompensieren ihre Schuldgefühle für diese Tat, indem sie nun Meeresforschern bei den Untersuchungen der Strömungen in den Ozeanen helfen. Einige von ihnen haben sich schon schwimmend bis nach Europa durchgeschlagen.

EPILOG: EINE HYMNE AN DAS PLUMPSKLO

Wenn sich diese Geschichte nicht in einem Buch zu Fragen der sanitären Entsorgung befinden würde, könnte man auf die Idee kommen, es mit einem Science-Fiction-Beitrag zu tun zu haben, was jedoch ganz und gar nicht zutrifft. Dennoch ist es ein Bericht über eine andere Zivilisation, ein Sprung durch die Zeiten und eine Abhandlung über auf rätselhafte Weise verschwindende Materie.

1955: DAS SCHWARZE LOCH

Wenn ich im Alter von sechs Jahren ein menschliches Drängen verspürte, so folgte ich den Spuren meiner Väter, die schon vor mir diesen Weg gegangen waren, hinaus aus der Wohnung in der backsteinroten Arbeitersiedlung in der Margarethenstraße, über den Platz zwischen zwei Wohnblöcken, hinein in einen winzigen Verschlag, verschlossen durch eine fahlgrüne Tür aus verwitterten Brettern. Dieser Weg endete stets mit einer Drehung um 180 Grad, dem Fallenlassen der Hosen, dem Öffnen eines kreisrunden Lochs durch Entfernung eines ebenso kreisrunden Deckels aus Holz, welches genauso groß und exakt so platziert war, dass mein nun nackter Kinderpopo es nahezu passgenau verschloss, sobald ich mich setzte. Umschlungen von Duftwolken aus der Tiefe, die ich vermutlich bereits meinen Ahnen und Urahnen verdankte, ließ ich erleichtert unter mich fallen, was mein Körper nicht mehr benötigte. Es könnte sein, dass im selben Augenblick in dem ebenso dimensionierten Verschlag neben dem meinen jemand anderes exakt derselben Tätigkeit nachging oder auch gegenüber auf der anderen Seite des Hofes, wo zwei weitere derartige Örtlichkeiten unseres Nachbarhauses zur Linken die unseren von Angesicht zu Angesicht anblickten.

Nun hätte man meinen können, dass ich nichts eiliger zu tun gehabt hätte, als diesen vorzeitlichen Lokus voller untergründiger Gärung und unkontrollierbarer organischer Reifung schnell wieder zu verlassen. Doch vom rätselhaften Zauber des Ortes umfangen, ja eingehüllt von anheimelnden, weil durchaus auch familiären Aromen, vertiefte ich mich in Gedanken, verstieg mich in die Welt meiner Helden und Abenteurer oder genoss die Lektüre von zurechtgeschnittenen Zeitungsfragmenten, die vorbereitet für hinterlistige Zwecke an einem zurechtgebogenen Draht seitlich an der Wand hingen. Ich erhielt so etliche die Fantasie anregende Informationen wie »Schwerer Unfall in der Ley…« oder »Adenauer: ›Wir leben alle unter …‹«, erfuhr aber nicht, ob es die Leyendeckerstraße gewesen war, und auch nicht, unter wem oder was wir nun lebten, weil eine fürsorgliche Schere genau dort das Zeitungspapier scharf durchtrennt hatte, wo die Imagination die besten Schnittstellen fand. Auch rätselte ich bei fragmentarischen Todesanzeigen, wer denn nun gestorben sei, oder fragte mich bei Annoncen, zu welchem Preis die angebotenen Seifenflocken wohl zu haben seien, obwohl Seifenflocken sonst keine zentrale Rolle in meinem Gedankenuniversum spielten. Der meditative Gedankenfluss, auch und nicht zuletzt ermöglicht durch einen von einer Last befreiten Körper, konnte sich im Sommer auch schon einmal über eine halbe Stunde hinziehen, bis der Nächste an die Tür hämmerte, weil Mutter Natur ihn dazu drängte.

Im Winter hingegen beschleunigte die niedrige Temperatur zwar nicht die Gedankengänge, aber den gesamten Vorgang, griff doch der Hornung mir mächtig nach meinem Gemächt, wie Walther von der Vogelweide es vielleicht ausgedrückt hätte. Man könnte auch sagen, dass man sich dort sehr leicht den Arsch abfror und sich deshalb ähnlich wie an der Börse mit seinen Geschäften an den äußeren Gegebenheiten orientierte: Man versuchte, schnell zu Potte zu kommen.

Besonders unvergesslich jedoch sind mir die nächtlichen Besuche an diesem auf rätselhafte Weise attraktiven Ort. Der ganz frühen Kindheit soeben entronnen, also »schon groß« und somit nicht mehr bereit, nächtens in den Topf unter dem Bett zu pullern, sah ich mich gezwungen, mit der Kerze in der Hand über den stockfinsteren Hof zum Aborte zu schreiten wie der Mann mit dem Licht, aber eben als ein sehr kleiner Mann. Meine Mutter hat mich stets gewarnt, mein Vater jedoch mich in meinem Ansinnen bestärkt, mir aber einen Rat mit auf den Weg gegeben: Leuchte nicht ins Loch, Junge, das ist gefährlich!

Es war ein furchtbarer Weg: Namenlose Geister, kaum zu ahnende Gespenster, nachtschwarze Ungeheuer und zu jeder Schandtat bereite Verbrecher lauerten hinter dem Vorhang der Schwärze, und so überkam mich Erleichterung im doppelten Sinne, sobald die grüne Tür hinter mir zufiel und ich sie mit dem Holzriegel verschließen konnte. Vom Schweinestall im selben Hofgebäude gleich um die Ecke ertönte Scharren und Schnauben und Grunzen zu mir herüber, fremd und bedrohlich, ganz und gar nicht in Verbindung mit der dicken rosa Sau stehend, die mein Großvater hielt, um sie eines Tages zu Leberwurst und Sülze zu verarbeiten, sondern eher wie die Laute von Drachen und Lindwürmern in grausig hallenden Höhlen.

Doch die Bedrohung lauerte nicht nur draußen, denn oft hörte man auch unten unter dem kreisrunden Holzdeckel rätselhafte Geräusche, ein Blubbern und Glucksen, weit entfernt, nicht von dieser Welt und auf magische Weise anziehend. Dann schlug ich die Warnung des Vaters in den Wind, hob den Deckel und näherte die Kerze der Öffnung. Ihr Licht erhellte das schwarze Loch in seinem oberen Bereich, doch dann verließ mich der Mut und ich drehte mich um, ließ die Hosen fallen, schleuderte der Bedrohung aus der Tiefe entgegen, was ich zu bieten hatte, und lief alsdann im gespenstischen Schein der im Wind flackernden Kerze zurück ins Haus, die Treppe hinauf in unsere Wohnung, fand Sicherheit hinter ihrer Tür und kurz darauf unter meiner Bettdecke.

Diese nächtlichen Abenteuer hatten ein Ende, als unsere Toilette ins Haus wanderte, zunächst in einen eigenen kleinen Raum neben den Treppenabsatz, zur Verwendung für alle Bewohner gedacht. Man musste nicht einmal mehr das Haus verlassen, in den Augen meiner Eltern ein ungeheurer Fortschritt. Zwei oder drei Jahre später schon, der Wohlstand war gewachsen, entsprach diese gestern noch fortschrittliche Lösung nicht mehr dem Zeitgeist, und eine wiederum wunderbar neue Toilette wurde in die Wohnung aufgenommen, von allen Erwachsenen freudig begrüßt dort am Ende des Flures, dem mein Vater und sein Bruder ein Stück Raum mit einer trennenden Tür abgeknapst hatten. Nun war der nächtliche Weg zur Entsorgung bar jedes Abenteuers, eine schnöde Verrichtung, ein Vorgang, der seine erregende Einmaligkeit eingebüßt hatte.

Das große, von lange gereiften Winden umwehte Ereignis meiner Kindheit jedoch fand Jahre vor dieser Banalisierung statt.

Ich konnte noch nichts ahnen von dieser dem Abenteuer feindlichen zukünftigen Neuerung, lebte in kindlich-sanitärer Unschuld in dieser Zeit, als ich sechs Jahre alt war und nächtens noch auf den Hof musste, in der Gewissheit, dort Erleichterung zu finden.

In einer mondhellen Sommernacht nahm ich, nachdem ich bereits den Hof erfolgreich überquert hatte, erneut all meinen Mut zusammen, verschob anstehende Geschäfte, öffnete stattdessen besagten kreisrunden Deckel und näherte ihm entschlossen die brennende Kerze auf dem blechernen Kerzenhalter. Die Hosen hatte ich sicherheitshalber schon einmal heruntergelassen für den Fall, dass ich schnell auf bewährte Weise Abwehrmaßnahmen ergreifen musste.

Ich konnte nur einen Blick erhaschen … tief unten dumpf grünbraune Tunke mit Papierfetzen obenauf wabern sehen. Dann verlor nicht ich, sondern die Kerze ihren Halt, neigte sich wie in Zeitlupe und stürzte sich überschlagend hinab, ein Wirbel von Flamme und Wachs. Die Zeit stand still für einen winzigen Augenblick – bis eine gewaltige Explosion den Hof und die angrenzenden Gebäude erschütterte, die Holzkonstruktion des Plumpsklos für einen Augenblick anhob. Ein zweiter Schlag zerriss die Bretter des Sitzes, etwas Grünbraunes, Riesiges, ein fast wie eine Amöbe wirkendes Wesen, aus seinem Körperinneren heraus von Gasen aufgeschäumt, quetschte sich zwischen den Brettern hindurch, verharrte kurz am Punkte seiner höchsten Aufblähung und sank dann wieder klatschend in sich zusammen.

Mich hatte der Druck der Explosion mit dem leeren Kerzenhalter in der Hand und mitsamt der grünen, aus den Angeln gerissenen Tür auf den Hof hinausgeschleudert, wo ich mit heruntergelassenen Hosen im Mondlicht liegen blieb, die zersplitterte Tür wie ein Tablett unter mir, das Hauptgericht in einem Menü für nächtliche Unholde und Fabelwesen. Feine braune Tropfen, hin und wieder auch klebrige Papierfetzen und etwas Ziegelstaub rieselten herab. Das Schwein im Stall nebenan schrie, als sei die Sache mit der Leberwurst und der Sülze bereits in Arbeit, und ich starrte wie gelähmt hinauf in den nächtlichen Sommerhimmel, sah alles andere als kosmischen Staub herabregnen, aber darüber Sterne und einen völlig unbeteiligten Mond, der nicht einen einzigen grünbraunen Flecken zeigte. Damals begriff ich auf anschauliche Weise die Sache mit den kosmischen Dimensionen, denn die Oberfläche des Mondes veränderte sich ja offenbar durch die von mir emporgeschleuderte Materie in keiner Weise, wie ich mit kindlichem, aber bereits naturwissenschaftlich interessiertem Verstand feststellte. Nein, ich stand nicht unter Schock, spürte sogar eine seltsame innere Ruhe, als hätte ich getan, was mir vorbestimmt war.

Im Haus links von mir gingen Lichter an, wurden Fenster geöffnet, Leute liefen durcheinander, mein Vater rannte im Nachthemd mit einer zweiten Kerze in der Hand auf den Hof. Er sah mich mit einem Gesicht voller Sorge da liegen auf meinem Unglücksbett, bemerkte aber, dass mir keine Körperteile fehlten und mir auch sonst nichts geschehen war, und begann im Geiste sofort, ein neues Kapitel der Familienchronik zu verfassen. Ich konnte ihr nun ein wichtiges Ereignis hinzufügen.

Natürlich war alles ganz anders, aber das Lügen bei Klogeschichten hat bei uns in der Familie Tradition. Schon Onkel Heini hatte 1932 sein Abenteuer mit dem Plumpsklo auf dramatische Weise ausgeschmückt, denn er pflegte zu erzählen, dass er bei dem Versuch, das schwarze Loch zu erforschen, samt Kerze hineingefallen war. Nichts explodierte in seiner Version der Geschichte, und er konnte, so behauptete er, sich dank des hohen Füllzustandes der Sickergrube unter dem Plumpsklo zunächst schwimmend retten und sich dann mit seinen kräftigen Armen wieder nach oben ziehen, wo er als triefender und stinkender Unhold die Nachbarn erschreckte.

Seine Schilderung war schon deshalb auf einfache Weise als glatte Lüge zu entlarven, weil Onkel Heini bereits damals wegen seiner Leibesfülle kaum durch das Loch gepasst hätte – weder in die eine, noch in die andere Richtung –, und natürlich hatte er für den Hergang seiner Geschichte keine Zeugen, denn es konnte ja keine geben, weil es die Geschichte so gar nicht geben konnte. Bestenfalls wäre Onkel Heini wie ein Korken mit dem Kopf nach unten im Loch stecken geblieben, was eine andere Anekdote mit vielen zauberhaften Varianten möglich gemacht hätte.

Um also bei der Wahrheit zu bleiben: Mir fiel tatsächlich die Kerze ins schwarze Loch, sie entzündete aber kein Methan-Luft-Gemisch, sondern erlosch mit einem leisen Zischen in der Tiefe.

Ich fand mich plötzlich in völliger Finsternis wieder, sah weder unten noch oben mehr etwas, rannte voller Panik gegen die grüne Tür und fing mir eine Beule, die aber erst am nächsten Tag zu ihrem Maximum anschwoll, erreichte den Hof draußen vor der Tür mit Müh und Not, stolperte dort aber über meinen eigenen hölzernen Tretroller, schlug mir die Knie auf und schrie wie am Spieß, was das Schwein wiederum veranlasste, sich akustisch mit mir zu solidarisieren …

Aber diese peinliche Version der Geschichte wollte ich eigentlich niemandem erzählen.

FSC
www.fsc.org
MIX
Papier | Fördert gute Waldnutzung
FSC® C083411

Zeitfracht Medien GmbH
Ferdinand-Jühlke-Straße 7
99095 Erfurt, Deutschland
produktsicherheit@kolibri360.de

Druck:
CPI Druckdienstleistungen GmbH
im Auftrag der
Zeitfracht Medien GmbH
Ein Unternehmen der Zeitfracht - Gruppe
Ferdinand-Jühlke-Str. 7
99095 Erfurt